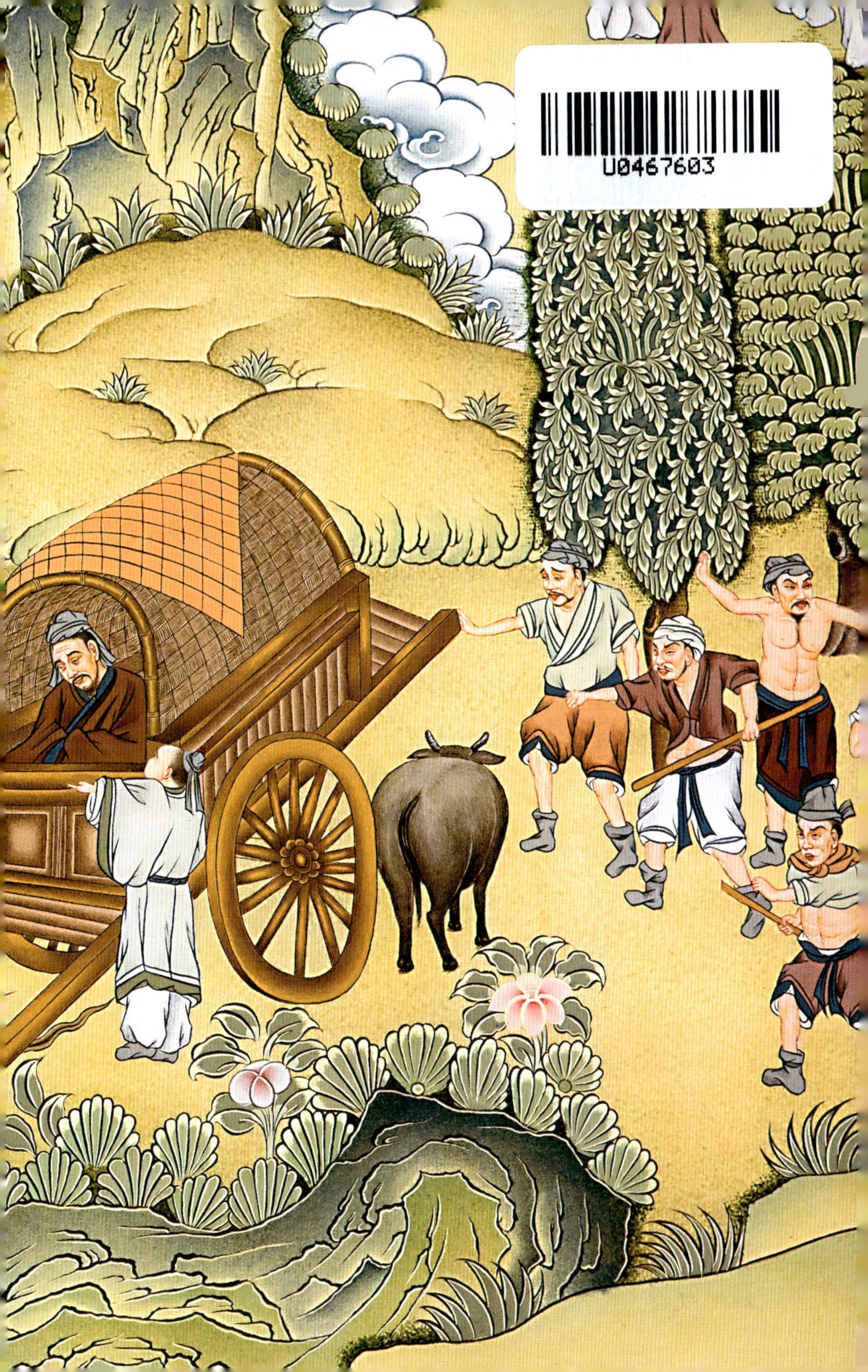

鲍鹏山

文学博士、学者、作家。上海开放大学教授。中国孔子基金会学术委员、团中央"青年之声"国学教育联盟副主席。2015—2016年曲阜祭孔大典中央电视台直播间特邀解说嘉宾。在央视"百家讲坛"主讲《鲍鹏山新说〈水浒〉》《孔子是怎样炼成的》。《光明日报》《中国周刊》《儒风大家》《美文》《中学生阅读》等专栏作家。出版著作三十余部,代表作有《风流去》《孔子传》《孔子如来》《江湖不远》《鲍鹏山新批〈水浒传〉》《中国人的心灵》《白居易与〈庄子〉》《〈论语〉导读》《先秦诸子八大家》《教育六问》、诗集《致命倾诉》等。作品被选入全国统编高中语文教材及各省市自编的各类大学、中学语文教材。《风流去》《中国人的心灵》被列入全国重点高中历史与语文课外必读书目。2013年创办公益浦江学堂,2014年创办花时间读书社。

作品典藏系列

鲍鹏山思想史

孔子三来·之二

孔子如来

鲍鹏山 著

中国青年出版社

总序

唯文字可以完成抗拒

大三时吧，在图书馆读到一本叫《一年有半·续一年有半》的书，是日本中江兆民写的，因为他被查出患了绝症，只能活一年半了，于是，下决心，用这最后的一年半时间，写本书，书名就叫《一年有半》。一年半以后，人没死，就接着写，书名就叫《续一年有半》。书里面有一句话，大意是：男子汉，大丈夫，来到世上，要留下一个大大的脚印。

大学毕业，去青海工作，宿舍隔壁是学校的档案室。一天，经过档案室门口，看见档案员，一个四十多岁的女员工，在里面整理档案，拐进去和她说说话。看到有一份档案放在一边，注明销毁。我问为什么，她说：死去的职工，按照档案管理规定，多少年后（注：我记不得她当时说的是几年了）就销毁档案。我惊讶：那就是说，关于他的一切记录都销毁了？以后就没有人知道他曾经在这里工作过了？

她说：是。

怎么可以这样？怎么可以这样抹杀他？！

档案员平平淡淡地说：都这样呀！每个人都这样呀。

古辞有"市朝人易，千岁墓平"，《古诗十九首》有"古墓犁为田，松柏摧为薪"。

一切物理性的东西，最终都归于虚无。

庄子有一个词：物化。物化的意思，就是，凡是物，都会化。

陶渊明说"纵浪大化中，不喜亦不惧"，其实，他是惧的。他写了那么多诗文，为什么？因为他怕他湮没了。

司马迁写《报任安书》，其实根本不是要跟任安说什么，他是要告诉后人：他这样参透生死的人为什么选择接受"最下腐刑极矣"的惩罚，苟延残喘以著太史公书。他念念不忘孔子的话："君子疾没世而名不称焉。"

曹丕收集"建安七子"的文字，撰其遗文，都为一集，让它们传留下去。他是一个温暖的人。

他自己，做了皇帝了，还要"通夜不瞑"以写作，以至三十多岁就满头白发一脸憔悴。"盖文章经国之大业，不朽之盛事"，"寄身于翰墨，见意于篇籍，不假良史之辞，不托飞驰之势，而声名自传于后"。他也是一个焦虑恐惧之人。他也恐惧被抹杀——

"年寿有时而尽，荣乐止乎其身，二者必至之常期，未若文章之无穷。"

是的,他说得对,写作,可以抗拒抹杀。是无须其他方式,唯文字即可以完成的抗拒。

说到底,写作,是要为渺小的个体生命留下证据。

龚自珍《题红禅室诗尾》:"不是无端悲怨深,直将阅历写成吟。可能十万珍珠字,买尽千秋儿女心?"

千秋之后,因文心通。

龚自珍说,可能。这"可能",到底是能,还是不能?

写作,也就是为了留下一种可能。

有了可能,就不会心如死灰。

鲍鹏山

2018 年 10 月 22 日

沪上,偏安斋

目录

001 —— 总序：唯文字可以完成抗拒
001 —— 原版序　傅杰

005 —— 当孔子遇见老子
009 —— 智慧之巅是德行
012 —— 损之又损之道
015 —— 多思转多私
018 —— 逆向而行
021 —— 削减快乐成本
024 —— 知足还是餍足
028 —— 知不足
032 —— 爱恶忿
036 —— 防人之心不可有
039 —— 孔子的"五不"
042 —— 君子岂能是器
046 —— 君子固穷

049 —— 君子无怨

053 —— 君子可以被欺骗

056 —— 道德的好处

059 —— 道德的变态

062 —— 道德强迫症

065 —— 不强迫他人为善

069 —— 价值有边界

074 —— 好好先生德之贼

077 —— 以直报怨

080 —— 正义有边界

083 —— 手段决定性质

086 —— 忠,还是恕

089 —— 仁德与不幸同在

092 —— 穿过荆棘的道德棉袄

095 —— 万物有悲我有慈

099 —— 受得了与受不了

102 —— 关乎自己的心

106 —— 一己羽毛何足惜

109 —— 有君不如无君

113 —— 灵公两问

117 —— 性命攸关的无形之力

120 —— 公正源自人心

123 —— 不服从的权力

128 —— 形式的价值

131	亲亲互隐,还是父子相告
134	孔孟之别:正己与正人
139	孔孟之别:自谦与自大
142	为何诗要言志
146	何为温故知新
150	师者之爱恨
155	孔子如何教历史
159	何为大学
163	以一胜多
166	警惕知识
169	人生即天命
172	向死而生
176	孔子为什么不算卦
183	子为什么不语
186	鬼神是价值
190	孔子的两篇自传
193	如果我来写孔子简历
197	夫子的气质
200	圣人的感性
204	乘桴浮于海
208	独与天地晤对
211	拘谨是一种品德
216	孔子的牢骚
221	孔门的幽默

224 —— 曾子对自己特别狠
228 —— 子贡如何花钱
231 —— 子贡的大聪明
234 —— 被优点绊倒
238 —— 优点的余地
241 —— 战胜小人的秘诀
245 —— 阳货的点醒
248 —— 有若似不似孔子
252 —— 《论语》中的无名氏（上）
256 —— 《论语》中的无名氏（下）
259 —— 杏坛：天堂的模样

附录

264 —— 孔子时代各国形势图
265 —— 孔子生平年表
267 —— 孔子七十七弟子一览表

270 —— "孔子三来"系列后记

原版序

傅杰

《孔子如来》是鲍鹏山教授对孔子言论的分类解读随笔，是一部阐发孔子思想的现代价值的普及读物。在所谓的国学热中，首当其冲的是孔子热，所以同类出版品已比比皆是。就我经眼所及，这类著作最忌讳却最常见的流弊往往有二：一是作者或不具根柢，缺乏诠释古典的基本常识，缺乏参照多种文献来理解孔子的起码能力，望文生义、郢书燕说的例子屡见不鲜；二是作者或别有用心，沿袭旧来以孔说为宗教的惯例，借孔子的嘴传所需的教，而一用如宗教，也就难逃"宗教是麻醉人民的鸦片"的命数，最易带累孔子也成为让人们厌恶的对象了。

鹏山教授对这两种流弊保持了高度警惕，也在一定程度上具备了规避这两种流弊的有利条件。他研习孔子与《论语》多年，在执教的学校与京沪电视台都讲授过孔子，出版了《论语导读》《孔子传》《说孔子》《孔子是怎样炼成的》等著作；他由农民的儿子成长为知名的教授，走南闯北，备尝艰辛，有深切的现实关怀，有鲜明的是非观念。他在《孔子传》中声明，他的写作首先力求"知识正确"——对史实尽可能做客观的叙述；其次力求"价值观正确"——对是非尽可能做明确的判断。本书不少段落也体现了这样的特点，体现了鹏山教授清醒的头脑与独到的思辨。

例如孔子说："人而不仁，疾之以甚，乱也。"鹏山教授由此引申出对道德边界的反思，指出孔子不赞成用极端的手段来实现正义、维护道德，因为一切极端手段往往隐含着对一种价值的破坏，而且极端手段所蕴含的破坏性往往指向更原始、更基本的价值，或犹如抱薪救火，或沦为以暴易暴。而天下的很多祸乱，恰恰是由绝对道德主义者惹出来的。

又如夫子之道，忠恕而已。而当子贡请教老师"有一言而可以终身行之者乎"时，孔子的回答只是消极的"恕"——亦即"己所不欲勿施于人"，而非积极的"忠"——亦即"己欲立而立人，己欲达而达人"。鹏山教授解析：积极的"忠"较之于消极的"恕"乃是一柄双刃剑，因为它隐含的前提是众人都有共同的爱好与欲求，于是居心叵测之徒就有可能利用它作幌子，来代替众人选择与思想，从而奴役众人的灵魂。

孔子生活的时代太过遥远，留下的言论多属片断，理解从来不易，融会更是困难。先贤时贤，没有谁对孔子言论的所有绎说可以得到世人的一致公认。对本书的内容，读者自然更会仁者见仁，智者见智。但孔子的言论，不少仍是值得作为后来者的我们听一听的；而鹏山教授得自孔子的启示录，不少也是值得作为同代人的我们听一听的。

2014 年 7 月

当孔子遇见老子

《史记·老子韩非列传》有这样一则动人的故事：

> 孔子适周，将问礼于老子。老子曰："子所言者，其人与骨皆已朽矣，独其言在耳。且君子得其时则驾，不得其时则蓬累而行。"

孔子自鲁远道而来见老子，有两个目的：一是到老子这里来印证自己的学问，所以，他一见老子，就慷慨陈词，纵论古人；二是想听听老子的学问，以俾广益。

没想到老子毫不留情地否定了孔子的学问，大袖一挥，把孔子心目中的古圣先贤轻轻掸去。接着，他淡淡地说道：君子么，如果天下太平，官场干净，就出来坐坐公车做做官。如果时运不济，官场贪腐，那就做野外的蓬草，在乡下随风而行安步当车吧。

当时孔子三十四岁，志向远大，才能卓越，有一股子天下兴亡舍我其谁的劲头。老子这样的话，一定让他惊诧莫名，如遭棒喝。

一个人，如果有才干，再有志向，雄心赳赳，气势汹汹，雄辩滔滔，逼人咄咄——他此时最需要的，就是这样的当头一棒。

老子提醒他的，不过是：小青年，这世界比你的额头坚硬得多，悠着点，不要正面撞上了……

知道进，还要学会退；知道勇，还要学会怯；知道直行，还要学会迂回；知道坚定，还要学会灵活……

我们看看此后的孔子吧——读《论语》，读着读着我们会突然觉得碰见了老子：

《微子》：

> 子曰："……天下有道则见，无道则隐。"

《卫灵公》：

> 子曰："……邦有道则仕，邦无道则可卷而怀之。"

《宪问》：

> 子曰："邦有道，危言危行；邦无道，危行言孙。"

这些"子曰",是孔子曰,也是老子曰啊。

老子接着教导孔子说:

> 吾闻之,良贾深藏若虚,君子盛德,容貌若愚。

不动声色地点出两个字:藏和愚。愚就是藏,把智慧藏起来,把才华藏起来,把志向藏起来,把理想藏起来。藏不是没有,不是放弃,是一种含蓄而坚定的保持,却并不咄咄逼人。《老子》中"愚"字共出现三处,全是褒义词。为什么?因为老子的"愚",不是智慧的缺乏,而是智慧的"收藏";不是智慧的不足,而是智慧的收敛;不是智慧的麻木,而是智慧的蛰伏。

接下来,老子还对孔子这样教训:

> 去子之骄气与多欲,态色与淫志,是皆无益于子身。

戒除您身上的骄气,傲气,戒除您身上过多的欲望,过大的志向。这些都对您无利。

我们其实可以从中想象得到:三十而立的孔子,是何等意气风发,斗志昂扬,是何等志向远大,理想崇高,是何等意志坚定,自信自负⋯⋯

这都是一个年轻人的优点,没有这些,注定不会有所成就。

但是,如果仅仅如此,而缺少适度的弹性,适度的退守,适度的淡泊,也不会成为大才。

此时的孔子,学问有了,志向有了,眼界胸襟都有了。但是,还缺乏一种东西：弹性的性格。

老子告诉孔子的，实际上就是一句话：性格即智慧。

智慧之巅是德行

孔子到周去求教于老子，一见面，老子就给了他当头一棒。这事对孔子而言，似乎不够体面，所以，司马迁没有把它记录在《孔子世家》里，而是记录在《老子韩非列传》。

记录在《史记·孔子世家》里的，是老子送给孔子的临别赠言。

老子说："送别么，有钱的人送财物，仁德的人送教导。我没钱，就冒充一下仁德的人，送你几句话吧。"

第一句话是：

> 聪明深察而近于死者，好议人者也。博辩广大危其身者，发人之恶者也。

一个人聪明，明察秋毫，很好。可是

这样的人，往往比那些笨人更容易招来杀身之祸。为什么？因为他好议人。

一个人知识广博，能言善辩，很好。可是他却因此时时处在危险之中。为什么？喜欢揭发别人的隐私呗。

聪明会使人对别人的缺点一目了然，善辩会使人对别人的毛病一针见血。

笨人倒并不一定不好议人，不好揭人隐私，而是眼拙，嘴笨，没看出来别人的毛病，无从议起。即使议论别人，也不得要领，不至于戳在痛处。

老子在告诉孔子什么？单纯的智力如同没有柄的刀片，让握住它的人自己受伤，且越是锋利，握得越紧，伤得越深。

孔子十有五而志于学，到此时，三十而立。就是一个聪明深察、博辩广大的人。

老子提醒了孔子，人生有两个过程：第一个过程是让自己聪明起来；第二个过程是要善于把聪明藏起来。

接着，老子又对孔子讲了两句话：

为人子者毋以有己，为人臣者毋以有己。

做儿子，不要太坚持自己；做臣子，也不要太坚持自己。

谁不是人的儿子呢？谁不是别人的从属呢？后来庄子直接说，这就是我们"无所逃于天地之间"的伦理之网。在这样的网里，我们要学会谦恭，学会听取并欣赏别人的主张，学会服从权威。

其实，我一直想把这两句话中的"子"和"臣"两个字去掉，变成一句话——"为人者毋以有己"。

这不是我自作聪明,删改前贤嘉言。庄子早就这样改了,他的句子比我的更简洁,只有三个字——吾丧我。

吾——即自我的本体,本来的自我。

我——附寄于"吾"的自以为是的观念、知识、经验、是非、好恶等等"成见""成心"。

"我"总是遮蔽着"吾",不仅使"吾"不能与世界赤诚相见,无法互相洞开;反而使得"吾"认"我"为"吾","我"把"吾"李代桃僵了。

所以,人之智慧的根本,在于呈现本来的"吾",汰除附寄的"我"——吾丧我,与他人赤诚相见。

谁没有"己"?谁没有"我"?每个人都固执"己"见,每个人都"我"行"我"素,世界将被切割成无法互相包容与理解的碎片。

老子的"无己",庄子的"无我",是道德的境界。

智慧的顶端,就是德行。

损之又损之道

这是记载在《荀子·宥坐》《孔子家语·三恕》中的故事。

有一天孔子带着他的弟子参观鲁桓公庙。看到庙里面有一个很奇怪的东西,倾斜在那个地方。孔子就问管庙的人:"这是什么东西啊?"管庙的人告诉孔子:"这是宥坐器。"

古人总是用各种办法提醒自己记住自己的缺点。"西门豹之性急,故佩韦以自缓,董安于之心缓,故佩弦以自急。"[1]西门豹性子急,他就佩戴一条飘带,以提醒自己舒缓一些;董安于性子慢,他就佩戴一个绷得紧紧的弦,以催促自己快当一些。还有比如古人佩玉,也不是如我们今天的装饰、辟

---

[1] 《韩非子·观行》。

邪甚或炫耀,而是要提醒自己比德于玉。还有座右铭,也是把提醒自己的话铭刻于座右,让自己随时得到提醒。

现在,孔子和他的学生又发现一个"宥坐器"。何为"宥坐器"呢?就是安放在国君座位右边的一个东西。这个东西是什么样子,又有什么用处呢?我们听听孔子怎么说:

"哦,既然是宥坐器,那我知道:它里面没有水的时候,是倾斜的;水装到一半的时候,是端正的;装满的时候,它就倾覆了。"

说完,孔子转身对他的弟子们说:"现在我们就试验一下。"

于是大家往里面灌水。这个东西本来不是倾斜在那里吗?水装到一半的时候,果然端端正正地立起来了。

孔子说:"再装。"

水满了,这个东西果然一下就倒了,水全泼洒出来。

孔子对弟子们说:"小心啊,万物都是这样:自满一定倾覆,骄傲一定倒台。"

子路懵懂,问孔子:"老师,我们如何能让人生完满而又不倾覆呢?"孔子说:你记住四句话——

聪明睿智,守之以愚——聪明要用愚来守。

功被天下,守之以让——功劳要用让来守。

勇力振世,守之以怯——勇敢要用怯来守。

富有四海,守之以谦——富有要用谦来守。

——"这就是损之又损之道。"

损,就是减损。孔子是在告诉我们:人生要学会做减法。我们总是想着往我们的人生中填充什么,务求填满,做加法;但人生更重要的是做减法。一个完满的人生,幸福的人生,不是看你有了什么，更多的是看你没有了什么。

　　有了什么不一定幸福。有了钱就幸福吗？有了权就幸福吗？还真的找不出一个东西，可以保障我们的幸福完满。但是，假如我们没有了一些东西，我们还真的就会幸福。比如，浮躁、焦虑、贪欲、嗔怪、蝇头小利的竞争之念、种种人生的得失之忧，这些东西没有了，心灵平静，那可能真是幸福。

　　这就是损之又损之道。

　　人人都知道损人利己，却不知道损己才是利己。

多思转多私

我曾经议论孔子为什么不算卦（参见本书第176页），其实孔子不算卦，还有一个更加重要的原因，那就是，决定我们是否行动的，不应该是利害、得失、成败的判断，而是是非、善恶、美丑的判断。而算卦，乃是对利害得失的判断，至于判断是非善恶美丑，需要的是我们的良知，是我们的基本价值观，而与算卦无关。

比如说，当我们面临是否行动的抉择时，我们是听从是非善恶判断的良知，还是听从成败得失判断的算卦？极端地说，一件事，从是非善恶的良知角度而言，我们必须做；但是，算卦的结果告诉我们，做，必对自己有害。此时，我们做还是不做？

简言之，我们是根据利害而行动，还是根据是非而行动？

孔子的回答是这样的:"君子喻于义,小人喻于利。"[1]

也就是说,告诉君子有义在,他就会去做;告诉小人有利在,他才会做。

这样,我们就能知道,孔子为什么不算卦:义在,义无反顾,做,无须算卦。不义,不义而富且贵,于我如浮云,不做,亦无须算卦。

所以,孔子知其不可而为之。为什么?义在。

孔子说:"见义不为,无勇也。"[2] 何有于算卦?

鲁国有一个大夫叫季孙行父,死后被谥为"文",人称季文子。"季文子三思而后行。子闻之,曰:'再,斯可矣。'"[3]

季文子做事非常谨慎,三思而后行,大家都佩服他。孔子听到这事,含蓄地批评说:"考虑两次,就可以了。"

今人很少有人认真读古典,以讹传讹的东西特别多。比如这句"三思而后行",很多人认为是孔子说的,是孔子提倡的。其实,恰恰相反:是孔子反对的。

季文子是一个乡愿式的人物,极世故,极精于算计,算来算去,算到最后,总是为自己打算。岂止是他?任何一个人,祸福利害计较太深,总不能见义勇为。所以,孔子说"再,斯可矣"。想得太多,人便退缩,长此以往,人便猥琐。人一猥琐,便不足观。

明人李贽倡"童心说",说人必须保持一颗童心,方为真人。

---

1 《论语·里仁》。
2 《论语·为政》。
3 《论语·公冶长》。

如何是童心？李贽的解释非常精彩："最初一念之本心"！

为什么是"最初一念"？因为，最初一念的判断，往往是价值判断，是善恶美丑判断！

比如，看到有人在大街上行窃，我们的第一反应肯定是：这是一个犯罪行为，必须制止。

但是，第二、第三反应呢？就很可能是这样：我制止他，我会不会受到伤害？我还是不管了吧？

今人钱穆注《论语》，于此则下注曰："事有贵于刚决，多思转多私。"做事贵于果断坚决，想得太多了就变成为自己打算了。"多思转多私"——这句话一针见血地说出了很多谨慎人、精于算计者的道德底色！也说出了很多算命打卦之人的真正用心！

孔子为什么反对三思而后行？因为，三思过后，正义往往不行，行的，往往是私利。

逆向而行

有一次,孔子和几个弟子在一起闲聊,大约孔老师最近心情有点压抑,他要同学们谈谈各自的志向和追求。

子路同学首先抢着表白:"假如有一个国家,外面强敌入侵,内部饥荒连年,我受任于败军之际,奉命于危难之间,我挽狂澜于既倒,支大厦于倾覆,只要三年,就可以重建人民的勇气和信心,还能教会他们文明礼貌。"

孔子给他一个含蓄的哂笑。

善于察言观色的冉求同学看出了老师哂笑的内涵——子路兄太自负了。当老师点到他的名时,他站起来,有点惊慌失措:

"比如说给我一个方圆六七十里"——他看看老师的脸色——"那就五六十里吧,这样的小乡,我可以负责一个乡的财政,三年以后,我可以让人民富起来。至于精神文明这样伟大的事业,让高人来吧。"

公西华年龄最小,刚入门,资历最浅,轮到他了,他歪歪倒倒地站起来,期期艾艾地说他正按照老师的教学计划,苦背各类礼仪制度,争取将来在人们祭祀天地祖先或诸侯会盟之时,戴上礼帽,穿上礼服,做一个小司仪。

有一个人,在师兄弟们和老师谈论如此严肃沉重的话题时,他却一直在旁边鼓瑟,瑟声泠然而悠扬,他也悠然而自得,好像旁边没人,又好像在为他们做背景音乐。

什么高人,如此超然?

他就是曾点。大名人曾参的父亲。

别人说完了,轮到他了,孔老师点名了。

他站起来,说:我和他们不一样,没的说。

孔老师坚持:不一样就不一样,志向哪能一样。他们说他们的,你说你的。

于是,曾点说了以下一番话:

> 莫春者,春服既成,冠者五六人,童子六七人,浴乎沂,风乎舞雩,咏而归。[1]

这段话,有人是这样翻译的:

---

1 《论语·先进》。

二月过,三月三。
穿上新缝的大布衫。
大的大,小的小,
一同到南河洗个澡。
洗罢澡,乘晚凉,
回来唱个山坡羊。

孔子一听,喟然叹曰:"我赞成曾点!"

目标远大的子路不明白,踏实苦干的冉求不明白,小心翼翼的公西华也不明白——我们的志向如此崇高,我们的工作如此辛苦,我们的担当如此沉重,而曾点,他说的,不就是放长假休闲嘛!为什么、为什么?这是为什么?

是啊,为什么呢?我试着替孔子回答:因为,在大家都紧张的时候,曾点知道放松;在大家都浮躁的时候,曾点比较淡定;在大家都功利的时候,曾点能够超脱;在大家都负重的时候,曾点知道放下。

有时候,智慧就是:逆向而行。风景殊自不同。

削减快乐成本

孔子周游列国,到了一个叫负函的地方。这地方是楚国北方的门户,楚昭王派来掌管这个门户的是一个大名鼎鼎的人物——其知名度不下于孔子——他就是"叶公好龙"的主人公叶公沈诸梁。

孔子是北方名人,叶公沈诸梁是南方能人。这位一心想着北上争雄天下的能人,对孔子这位来自北方的名人颇感兴趣。几次交谈下来,他越发觉得这个孔子非同一般。孔子对他而言有一种神秘感,神圣感,但他无法把握这个人。

有一天,他忍不住问子路:"你们的老师是个什么样的人啊?"

子路懵懂,一时不知这位叶公大人的用意,不知道在别人面前如何描述自己的老师才合适,就拱着手,没有作答。回来后,就告诉了孔子。

孔子一听,很埋怨子路,说:"你跟我这么久,怎么不知道我的为人呢?你为什么不这样告诉他呢:我老师的为人么,发愤忘食,乐以忘忧,不知老之将至呵呵——"

读起书,忘了吃;乐起来,忘了愁,甚至——手舞足蹈,天真烂漫,忘了自己已经是一个六十多岁的老人啦。

假如子路这样对沈诸梁说,他一定会觉得子路在拿他开心。在沈诸梁的想象里,孔子这样心忧天下的圣人,一定是不苟言笑、忧心忡忡、道貌岸然的。

子路也不可能这样对他说,因为,孔子这样描述自己,子路可能还觉得老师在拿自己开心呢!

子路是一个特别自我崇高、坚定执着又有些一根筋二傻劲的老实人。道德上严格的自我要求使得他不大有幽默感。他整天都天降大任于自己:天下何等黑暗,我是何等沉重!

所以,你要跟他说放松,说幽默,他会瞪着你,呵斥你:天下黑暗,生灵涂炭,哪有工夫跟你扯淡!

岂止子路。在孔子的学生中,子夏有老师的严肃却没有他的快乐;曾参有老师的沉重却没有他的快乐;子路有老师的勇敢却没有他的快乐;子贡有老师的聪明却没有他的快乐。冉求多才多艺却失之于算计,算计就不快乐了;子张才高志大却失之于自负,自负就不快乐了。能够得孔子快乐之旨的,大约有两个人,都受到了老师的特别夸奖,一个是曾皙,一个是颜回。

曾皙(点)我们上一篇已经说过了(参见本书019-020页),现在我们说说颜回。

孔子感叹曰：

> 贤哉，回也！一箪食，一瓢饮，在陋巷，人不堪其忧，回也不改其乐。贤哉，回也！[1]

快乐当然需要条件，但是，只能是有限条件。一箪食，一瓢饮，一陋巷，就是有限的条件。如果是吃大餐，喝茅台，住别墅作为快乐的条件，就难了。

再看孔子说自己：

> 饭疏食，饮水，曲肱而枕之，乐亦在其中矣。不义而富且贵，于我如浮云。[2]

这后一句大潇洒。大潇洒方大快乐，放得下才能拿得起，舍得出才能得着来。难怪他最欣赏颜回，他们都是大潇洒人，大舍得人，他们都是天生的大快乐人！

放弃不义而来的富贵，在有限的条件下，找到无限的快乐；用最小的成本，享最多的幸福——这还真是一般人不具备的德行和能力。

---

1 《论语·雍也》。
2 《论语·述而》。

知足还是餍足

孔子周游列国的过程里，在卫国待的时间最长。卫国和鲁国，是春秋时期关系最好的两个国家，鲁国的先祖是周公姬旦，卫国的始封君是周公的弟弟康叔，同为大姒（文王妃）所生，而且是兄弟中情分最深厚的两位。《左传·定公六年》载卫国人公叔文子言："大姒之子，唯周公、康叔为相睦也。"在孔子时代，鲁国卫国都已衰败，如同一对难兄难弟。所以孔子说："鲁卫之政，兄弟也。"[1]

但是，这又是两个文化积淀最深厚的国家，良序善政，时见迭出；君子贤人，代代不绝；温敦气象，布在士民。《论语·公冶长》记孔子夸奖虙不齐（旧注为宓不齐，字

---

1 《论语·子路》。

子贱）："君子哉若人。鲁无君子者，斯焉取斯。"意思是，宓不齐这样高尚的人，只能孕育和生长在鲁国这样的君子之乡。

同样，卫国也是君子之乡，贤人渊薮。《论语》里记到的君子贤人，也以卫国为多，如史鱼、蘧伯玉、宁武子、公子荆等等。

我们现在就来看看孔子眼中的公子荆。

《论语·子路》：

> 子谓卫公子荆："善居室。始有，曰：'苟合矣。'少有，曰：'苟完矣。'富有，曰：'苟美矣。'"

孔子说卫国的公子荆："他善于管理家业。开始有些财产时，他说：'差不多合于我的要求了。'财产稍有增加时，他说：'差不多完备了。'到财产富足时，他说：'差不多是非常美好了'。"

孔子夸公子荆"善居室"，不是指他善于积累财富——孔子对于善于聚财的人，抱有深刻的戒备，连对子贡都如此。孔子夸奖公子荆，是夸奖他对待财富的心态。公子荆的财富状况，有三次变化：始有，少有，富有，但他的快乐是始终的，他在家庭财富的每一阶段都很知足，不贪婪，不奢求，在有限的财富中感受到满足和幸福。下一阶段没来之时，不奢求；下一阶段既来之时，不拒绝。素贫贱行乎贫贱，素富贵行乎富贵。

一句话，公子荆的值得赞扬和学习的真聪明在于——知足常乐。

知足常乐，一般人理解为：懂得满足，便会常常快乐。这样理解，很好。但是，这个"知足"的"知"，不仅是我们常说的"懂得"的意思，还有"感知"的意思。

因为，快乐不是源于对快乐道理的理性认知，而是来自对快乐生活的感性体会。

懂得"知足常乐"的道理，并不能真就因此而快乐。

快乐在于：我们的心灵能否在有限中感知无限？在单薄中感知丰富？在缺憾中感知圆满？在匮乏中感知充足？

一句话，能否在不完美的世界中感知幸福？

我们有感知色彩的"视觉"，感知声音的"听觉"，感知身体的"触觉"，感知滋味的"味觉"。

但是，上帝还赋予我们更为重要的能力：一种感知幸福的"知觉"，这种知觉，我们可以把它称之为"足觉"——一种满足的感觉。

足觉，是一种心灵的能力，是比眼睛的视觉、耳朵的听觉、口鼻的味觉、皮肤的触觉更为重要的知觉能力。

世上尽有盲聋之人而自感幸福的，也有聪明之人而自感不幸的。前者丧失了视觉和听觉，却保有"足觉"；后者耳聪目明，却丧失了"足觉"。

失去了味觉，就不能感知滋味；失去了听觉，就不能感知音乐；失去了视觉，就不能感知色彩；而失去了"足觉"，就不能感知幸福。

"足觉"，让我们感知人间的温暖，感知世界的诗意。拥有"足觉"，才是"知足"。

多少失去"足觉"的人，沉沦于物欲之海，欲壑难填，孜孜以求，与物相刃相靡，最终麻木不仁，灯红酒绿而醉生梦死。

所以，一个人，葆有"足觉"，保护自身"感知"幸福的能力，比贪得无厌地去追求外在物质的餍足,更重要。

因为,对于幸福来说,"知足",比"餍足"更本质。

知不足

物以类聚，人以群分。孔子到卫国，卫国的那一批贤良君子就聚集过来了。孔子对他们也有精当的品鉴，比如，《论语·卫灵公》：

> 子曰："直哉史鱼！邦有道如矢，邦无道如矢。君子哉蘧伯玉！邦有道则仕，邦无道则可卷而怀之。"

孔子说："正直啊！史鱼！国家有道，他的言行像射出的箭头一样直；国家无道，也像箭头一样直。君子啊！蘧伯玉！国家有道时，出来做官；国家无道，收起自己的才智辞官隐居。"

史鱼与蘧伯玉都是卫国的大夫。史鱼名鳅，字子鱼，他曾多次向卫灵公推荐贤臣蘧伯玉，未被采纳。病危临终时，嘱咐儿子，不要"治丧正堂"，而是把尸体停放在侧室，用这种做法再次劝告卫灵公一定要进用蘧伯玉，而贬斥奸臣弥子瑕。这种行为，古人称之为"尸谏"[1]。即使人已死，还要以自己的尸体作为武器，为道义而战，可见此人的抗脏婞直。

蘧伯玉名瑗，字伯玉，孔子去卫国时，曾住在他家里。蘧伯玉是当时道德修养很高的人，古人对他有很多赞誉，如"蘧伯玉年五十而知四十九年非"[2]，"蘧伯玉行年六十而六十化"[3]。所谓"化"就是"与日俱新，随年变化"[4]之意。

《论语·宪问》：

> 蘧伯玉使人于孔子，孔子与之坐而问焉，曰："夫子何为？"对曰："夫子欲寡其过而未能也。"使者出，子曰："使乎！使乎！"

蘧伯玉派使者去看望孔子，孔子给他座位请他坐下，然后问道："蘧老先生在做些什么？"使者回答说："老先生他想减少自己的过错，还没能完成。"使者出门以后，孔子说："真是一个好使者啊！真是一个好使者啊！"

也难怪孔子如此叹美蘧伯玉派来的使者。"夫子欲寡其过而

---

1 事见《孔子家语》及《韩诗外传》。
2 《淮南子·原道训》。
3 《庄子·则阳》。
4 郭庆藩《庄子集释》。

未能也"这句话确实说得好。"欲寡其过",是"如琢如磨如切如磋",而"未能也",既是自谦,也是自知,既是主观上的"明明德"而求"止于至善",也是客观上认知到这种"至善"之求永无"止"境。能如此透彻地领悟人生道德之困境,甚至认识到人生道德正因为有此种困境,才使人生有可能崇高,于是热爱这种困境,欣然于这个困境,终生厮磨于这种困境,面壁图破,不骄不躁,不卑不亢,知其不可而为之——我也不禁赞叹:使乎!使乎!

我在《知足还是餍足》一文(参见本书第 024 页)里写了卫国的另一个贤人公子荆,他是一个总在满足的人,总在对自己的物质现状表示肯定的人。而根据上述《淮南子》和《庄子》的相关记载,我们发现,蘧伯玉是一个总在不满足的人,总在对自己的道德现状表示否定的人。一个是满足于自己的物质消费水平;一个是不满足于自己的精神道德水平。一个是用肯定的眼光看待自己的物质条件,一个是用否定的态度对待自己的德性境界;一个是"知足",知现有物质之足以养生,足以乐生,一个是"知不足",知此刻之德性尚不足以立人,不足以成人。

《论语·学而》:

> 子曰:"君子食无求饱,居无求安。"

这是公子荆的境界,是对物质的"无求"和自足。

《论语·述而》:

> 子曰:"德之不修,学之不讲,闻义不能徙,不善不能改,

是吾忧也。"

这是蘧伯玉的境界，是对道德的无止境追求。

读《论语》，读到卫国的这些古圣先贤，我不禁对这个军事经济弱小的国家充满文化上的敬意。卫国拥有这些人物，这些人物身上拥有的一个古老帝国的古老的高贵，或许可以解释：为什么作为殷人后裔的孔子竟然是"郁郁乎文哉，吾从周"；还可以解释：暴秦横扫天下时，最后一个被灭掉的竟然是看起来弱不禁风的卫国。

公元前221年嬴政称始皇帝，秦王一变而为天子，秦国一变而为秦朝，崇德的姬周灭，尚力的嬴秦立。但是，天下归嬴之时，弱小的卫国保留着唯一的姬姓和唯一的一座小城，如一叶扁舟，漂浮在秦的汪洋大海之中。

公元前209年，卫君卫角被秦二世所废，卫国才算最后绝灭，而此年，陈胜、吴广已经喊出：大楚兴，陈胜王。暴秦的丧钟已被敲响——姬周通过卫国，还是等到了嬴秦坍台的这一天。

无论这世界多么强暴，我还是相信德性的力量。

爱恶忿

孔子说"知者不惑"[1]，又说自己"四十而不惑"[2]，很多人据此认为孔子无所不知，《史记·孔子世家》和《孔子家语·辩物》也记载了不少孔子知识广博，能识别种种奇怪之物，解答种种奇怪现象的故事，加深了人们的这种观念。

但是，我们知道，人非神明，生也有涯，而知也无涯，不光体能上不能战胜万物，智能上也不可能辨识万物。所以，孔子说的"不惑"，无论是说自己，还是泛泛而论智者，都不可能是指能解答一切疑问解释一切现象。

仔细看"惑"这个字，有一个"心"字在，

---

[1] 《论语·子罕》。
[2] 《论语·为政》。

所以,"惑"乃是指我们心智上的迷障。故尔,不惑,乃是指破除了主观心智上的迷障,而不是指洞悉了客观世界中的一切奥秘。

《论语·颜渊》篇中记载了孔子的两个学生问及"辨惑"问题。一个是子张,一个是樊迟。我们分别看看:

> 子张问崇德辨惑。子曰:"主忠信,徙义,崇德也。爱之欲其生,恶之欲其死,既欲其生,又欲其死,是惑也。"

子张问怎样提高品德,辨别迷惑。孔子说:"以忠诚信实为主,服从义,就是提高品德。喜爱一个人恨不能让他起死回生,厌恶一个人恨不得让他马上死去,既要他活,又要他死,这就是迷惑。"

你看,孔子避开了子张如何"辨惑"的提问,而是告诉子张什么是"惑",并且,孔子并没有抽象地用哲学概念来表述"惑",而是举出生活中我们常有的那种心理状态:"爱之欲其生,恶之欲其死,既欲其生,又欲其死",然后孔子斩钉截铁给出结论——"是惑也"。

显然,孔子不是直接回答子张如何拥有判断力,而是告诉他,是什么让我们丧失了判断力:那就是当我们的心灵被爱恨左右的时候。

是的,惑,往往不是客观事物难辨别,而是主观情绪难控制,主观情感左右我们理智时,我们的判断力就降低甚至完全失去了。

我们再看看孔子回答樊迟的提问:

> 樊迟从游于舞雩之下,曰:"敢问崇德,修慝,辨惑。"

子曰:"善哉问!先事后得,非崇德与?攻其恶,无攻人之恶,非修慝与?一朝之忿,忘其身,以及其亲,非惑与?"

樊迟陪孔子出游于舞雩台下,说:"我大胆地问一问如何才能提高品德、消除邪念、辨清迷惑。"孔子说:"问得好啊!先努力做,后考虑得,不就是提高品德么?批判自己的错误,不攻击别人的缺点,不就是消除内心的恶么?一时气愤,就忘掉自身安危,甚至连累自己的父母,不就是迷惑么?"

值得我们注意的是,对于樊迟的"辨惑"之问,孔子的回答角度与对子张的回答完全一样:聚焦于何为"惑"以及"惑"之产生根源,而避开"辨惑"问题。并且,孔子担忧的,还是人的难以控制的主观情绪。

把孔子对这二人的回答做一个整合,我们会发现,关于"惑",孔子提到的,是这样的三个字:"爱""恶""忿"。这三个字和"惑"字,字体里都有一个"心"字在。孔子是在告诉我们:惑在心而不在物,在内而不在外,在己而不在他。

明白了这一点,如何"辨惑"也就不言自明:

不因爱恶情绪而失去对客体对象的客观评价和态度,制怒而不发,捐嫌而待人,即可辨惑。

情绪冷静,自控力强,猝然临之而不惊,无故加之而不怒,即是不惑——不被自己的情绪所惑。

还有一个值得注意的有意思问题是,子张、樊迟两人问"辨惑"时,都是和"崇德"连带一起问。为什么?

因为——说到底,辨惑,主要不是知识问题,而是伦理问题;

不是认知事物，而是判断价值；不是道问学，而是尊德性。

人之一生，生也有涯，知也无涯。以有涯之生，何能认知无涯事物？这不可能也不必要。

人之一生，生而为人，当知做人。以人格自立于众生之林，为万物之灵长，岂能不知是非不辨善恶不识美丑？

人不可能遍察万物，但人可以慎独一己。

相对于浩淼宇宙，人是无知的。但是，人并不因此渺小卑微，因为，人，是有良知的。

人可以无知，但不可以无良知。

防人之心不可有

《论语·宪问》：

> 子曰："不逆诈，不亿不信，抑亦先觉者，是贤乎！"

"不逆诈"是说在和别人打交道时，不事先怀疑他的动机。君子坦荡荡，自己内心光明的人，也会倾向于把别人想象成一个好人——这就叫"不逆诈"。

"不亿不信"——"亿"就是臆测，不预先臆想别人是不诚实的骗子。

对人做有罪推定，法律尚且不允许，更何况道德？

问题还不在此。一个人如果老是用猜疑的眼光、防范的眼光去看待生活中的人和事，不仅会让人反感、丢掉机会、失去朋友，更会失去良好的心境和心理健康。

　　心理健康的人是信任别人的，是坦诚的。有人担心对别人的信任和坦诚会让自己上当受骗，如果说得极端一点：人这一生，被骗几次又能怎样？一生都坦坦荡荡，一生都不猜疑别人，内心充满阳光，至少大多数时候是快乐的，偶然被骗几次又如何呢？我们总不能变成套中人。身体健康的人不会天天想着出门戴个口罩，撑把雨伞，防范风吹日晒的。为了有可能发生的一两次不感冒，天天戴着口罩，划得来吗？同理，为了可能有的一两次受骗，我们一辈子畏畏缩缩，一辈子小心翼翼，划得来吗？被骗几次，不会有多大损失。人生最大的损失，恰恰是为了防止可能被骗，终身做了套中人，这样丧失的东西就太多了。

　　中国民间有句古话："害人之心不可有，防人之心不可无。"这句话实际上强调的，是后半句"防人之心不可无"。其实，这句话的前半句是正确的废话，后半句是错误的坏话。"害人之心"当然不可有，但"防人之心"也不可提倡。因为有这样心态的人，自己就可能是一个坏人。你愿意和一个整天把你当坏人防着的人交朋友吗？所以，"防人之心不可无"是非常糟糕的观点。从某种意义上说，"防人之心"比"害人之心"更加糟糕。"害人之心"往往只在特定时间、特定环境，对特定的人而起，一个人，不可能在所有时间、所有空间，对所有人都有加害之心。所以，"害人之心"只是针对某些特定对象。即便是十足的坏人，他也不可能时时刻刻害人。抢银行的人，在商店，他还是掏钱买商品，他不会在任何地方都用抢劫的手段获取所需——否则他根本就无须抢银行，直言之，抢银行本身，恰恰说明了，他想用一次犯罪，来换取绝大多数时间的守法生存。

但防人之心不同。它的特点就是在所有时间、所有空间，防范所有人。一个人要在一辈子的所有时间和所有空间里防范所有人，岂不是把自己的生活毁了？如果我们在全社会提倡"防人之心不可无"，结果便是，所有人都你防着我，我防着你，一切人猜疑一切人，一切人防一切人，最后社会就变成了"一切人对一切人的战争"，社会彻底分崩离析。

上帝认为，在人所有的缺点里面，有一个缺点是最应该被原谅、被宽恕的——那就是：轻信。孔子和上帝，在这个问题上的思考是一致的，结论也是一致的。

孔子的"五不"

孔子说"不逆诈,不亿不信"[1],孔子是在告诉我们:被骗一两次,根本不能证明你是傻瓜,根本不会损害你的人格。因为别人是用合情合理的方法骗你的——你不是相信了坏人,而是相信了合情合理的东西。对合情合理的东西的信任,是人生的必要信念。如果因为害怕被骗,牺牲了这样的必要信念,才是人生最大的损失。

其实,《论语》之中,孔子不仅有"不逆诈,不亿不信"这两个"不",他还有另外三个"不",一样的重要,我姑且把它们合称为孔子"五不"。

我们知道,孔子很推崇伯夷、叔齐两

---

1 《论语·宪问》。

兄弟，说他们是"求仁得仁"[1]。确实，"义不食周粟"[2]的两兄弟，道德上自律极严。但是，《论语·公冶长》中，孔子又为我们描述了伯夷、叔齐的另一副面孔，孔子说他们："不念旧恶，怨是用希。"有人把"怨是用希"译成：别人对他们的怨恨就少了。这当然也可以，但我觉得似乎更应该直接译成：因为他们对别人不念旧恶，所以他们的内心就没有对别人的怨恨。这样不仅从语法上讲更通达，意思也更好。

你的内心没有对他人的怨恨，对谁最有好处？不被怨恨的人当然会得到好处，因为你不怨恨他，也就不会去伤害他。但是，最大的受益者还是你自己，因为你的内心会因此而阳光，而轻松，而干净，轻轻松松，清清爽爽。

相反，如果你的内心充满了对别人的怨恨，储存着过多不良的心理能量，你的心灵必然是扭曲的，心理负担必然是沉重的。所以不念旧恶，不记仇，对别人有好处，对自己更有好处。

拥有一颗没有怨恨的心灵，健康的与人为善的心灵，是多么轻松。

要获得人生的快乐，伯夷、叔齐为我们做了个好榜样：不念旧恶。孔子也为我们做了一个榜样，他曾感慨："莫我知也夫！"子贡以为老师郁闷，就说："老师，怎么没有人了解您呢？"孔子回答说："不怨天，不尤人，知我者其天乎！"[3]

1　《论语·述而》。
2　《史记·伯夷列传》。
3　《论语·宪问》。

他一生遇到那么多挫折，栽了那么多跟头，受过那么多打击，但内心仍然那么快乐，没有什么抱怨。对人也好，对事也好，对社会也好，他的心情依然平静、温煦而友爱。靠什么？就靠这两个"不"："不怨天，不尤人！"

这样的境界，莫我知也夫！知我者其天乎！

不逆诈，不亿不信，不念旧恶，不怨天，不尤人——此"五不"中，包含着人生的正知正见，包含着对他人的宽恕和自我的放下，包含着对天命的认同和领受——这样的智慧，为圣人所拥有，为我们所追慕。

君子岂能是器

孔子说:"君子不器。"[1]

这句话的内涵之一:器不是君子。

器,即工具或用具,只有特定的用途。

君子岂能像一件让别人称心称手的工具?

君子应当有自己的主心骨,他应该是作为"人"而存在,而不是作为有用的"工具"而存在。

人若是器,便只能在特定的技术领域有用处。比如修鞋匠,或电脑工程师,假如他们的知识和兴趣只局限于修鞋或电脑,只在这两项事务中有见解,他们就只是一个"器"。

而当他们对人类一般事务都关心,都有见解,并有出于正义的判断,他们便可能

---

[1] 《论语·为政》。

是一个"君子"。

君子的能力不局限于一个行业，君子关注的对象更不局限于一个特定的、狭小的专业，他关注人类一般事务，并保持自己的良心。对人类一般事务，或整体命运与未来，他都有基于正义的判断，基于判断的见识，基于见识的行动。他在一切人类事务上，都能立足于人类整体利益做价值判断。

这句话的内涵之二：君子不是器。

君子要有良心，有正义，有道德，有理想。

君子要有是非判断。

君子要宁为玉碎，不为瓦全。

假如君子仅仅是一个"器"，比如是一把刀，让他去切菜也行，让他去砍杀无辜也行。那他还能叫君子吗？

所以，君子要有根据良心和正义而做是非判断的能力和愿望。

要有不为外力所胁迫而坚持正义的勇气。

有了这个是非判断和勇气，假如他是一把刀，他可以帮人砍柴，帮人切菜，但绝不会自己去或被人胁迫去杀害无辜。

这样的刀，一把有精神的刀，就不再是器——不仅仅是器。

兹举两例。

法国上尉巴特雷，随英法联军侵略中国并参与了劫掠圆明园。随后他写信给法国文豪雨果（1802—1885），征询他对远征中国的"意见"，雨果回信如下：

在地球上某个地方，曾经有一个世界奇迹，它的名字叫圆明园……一天，两个强盗走进圆明园，一个抢掠，一个放火。

可以说，胜利是偷盗者的胜利，两个胜利者一起彻底毁灭了圆明园……

在历史面前，这两个强盗分别叫作法兰西和英格兰。但我要抗议，而且我感谢你给我提供了这样一个机会。统治者犯的罪并不是被统治者的错，政府有时会成为强盗，但人民永远不会。

法兰西帝国将一半战利品装入了自己的腰包，而且现在还俨然以主人自居，炫耀从圆明园抢来的精美绝伦的古董。我希望有一天，法兰西能够脱胎换骨，洗心革面，将这不义之财还给被抢掠的中国。在此之前，我谨作证：发生了一场偷盗，作案者是两个强盗。

巴特雷本想得到大文豪的赞誉，没想到得到的却是愤怒的谴责。

雨果为什么对看起来与他毫不相干的事如此愤怒？因为他不是器。

法国是他的祖国，巴特雷是他的同胞，甚至算是他的朋友，可是，他为什么站在与他毫无瓜葛的中国一边，谴责自己的祖国，得罪自己的朋友？因为他是君子。君子永远只站在正义一边。

再看爱因斯坦。

日军侵华时，爱因斯坦与罗素等人于1938年1月5日在英国发表联合声明，斥责日本侵华，呼吁世界援助中国。

当国民党政府逮捕抗日运动的领袖"七君子"时，他与美国十五名知名人士于1937年3月发出声援电。

这些发生在远东的事件，离他的生活、离他从事的专业太远了，与他何干？甚至不惜"干涉他国内政"，指手画脚？

因为他是不器的君子。

正因为这样，他才赢得了我们的崇高敬意——不仅在物理学上，更在人格精神上。

君子是一些什么样的人？就是雨果这样，就是爱因斯坦这样——不仅仅对自己的专业有判断力，更有对是非善恶的判断力，并且公开站在正义的一边，用自己的力量，增加正义的胜算。

君子固穷

《论语·卫灵公》载：

> （孔子）在陈绝粮，从者病，莫能兴。子路愠见曰："君子亦有穷乎？"子曰："君子固穷，小人穷，斯滥矣。"

孔子"不怨天，不尤人，下学而上达。知我者其天乎"！[1] 他坦然面对一切，并把这一切看成是人生磨炼和品行琢磨的机会。他依旧讲诵弦歌，抚琴吟唱。

但是，他的学生们并不都能达到这样的境界。他们不能不怀疑"红旗到底能打多久"，耿直的子路直接到老师那里，问了一个问题。这个问题看起来非常平实，其实非

---

[1]《论语·宪问》。

常深刻。它代表着一种观念，可以说是中国哲学史上、伦理学史上一个重大的命题：

"君子亦有穷乎？"

子路是一个纯朴、天真、热情的人，一个内心光明的人。他对孔子、对道德有着非常纯朴的信仰。他的思路是：既然我们是君子，是德行高尚、理想纯洁、匡世济民、仁慈博爱的人，我们就应该在这个世界上处处行得通，就应该在这个世界上处处受欢迎得追捧，难道我们这样的人，在人世间还会如此困厄一筹莫展吗？

显然，在这样的特定情景下，子路对道德及道德行为的有效性提出了怀疑，这个怀疑其实是一个非常重大的伦理学问题：所谓的"前道德问题"。

前道德问题的实质就是：我（们）为什么要实行道德？

子路显然是站在功利的立场上来认识道德的。从这个立场出发，他得出的结论是这样的：一个人，既然是尊崇道德的，既然是按道德的要求，做道德的人、行道德的事，那他就理应受到道德的保护，享受实行道德而该得的好处和报酬。

幼儿园的老师给好孩子发小红花，这朵小红花就是道德的报酬。子路一直在做好孩子，可是，他没有得到小红花，所以，他很困惑，甚至很愤怒。

但是，好人有好报式的道德期待显然不是人的最高道德境界，也不符合事实的真相。对此，孔子的回答是：

"君子固穷。"

这个回答很冷酷。对于子路这样对道德抱有那么大信仰的人，不啻是一个毁灭性的打击。实际上，子路对于道德的有效性抱有期望，从某种意义上讲，乃是迷信。所以孔子要彻底打破他的迷信：你认为做一个君子就能处处行得通，到处受欢迎？错了！恰恰相反，君子正因为他讲道德、讲原则，追求进取却又有所不为，所以反倒是常常被掣肘，时时被壅阻的，往往是行不通的。

是什么在掣肘君子、壅阻君子？是君子自己，是君子自己奉行的道德。道德是对君子的约束，君子正是在这种约束中成就为君子。而小人之所以处处通行，正是他没有这些约束，而正是没有这些约束，才使其成为小人。

这是对道德极透彻的理解，悲观而又崇高。孔子的意思是，道德只能保证我们成人，而不能保证我们成功。

有时两者甚至相互矛盾：我们必须在不成功中成人，也就是说，在世俗功业的失败中成人——这就是磨砺，这就是考验。

我们是要一次高尚的失败，还是要一种下流的"成功"？

是保有人格尊严而失败，还是丧失人格得"成功"？

子曰："人能弘道，非道弘人。"[1]

历来注家都认为这两句不好理解。其实这两句的意思最明白——

不是真理与正义庇护我们，

而是我们以血肉之躯支撑着真理与正义。

强者保护道，

弱者寻求道的保护。

---

[1] 《论语·卫灵公》。

君子无怨

《论语》中四处五次提及伯夷、叔齐这对古今第一兄弟,并且还都是由孔子对他们做肯定的评价。有意思的是,有两则都是讲他们有无"怨"的问题:

一则是回答子贡之问:这二位推掉了国君之位,最后却不得好死,他们怨恨吗?孔子的回答是:"求仁而得仁,又何怨?"[1] 孔子答得直接,所以后世对此的理解亦毫无异议。

还有一则是《论语·公冶长》,也是讲伯夷、叔齐,也是讲"怨"之与否,但是因为语义和语法上的曲折,理解上就有了不同:

---

1 《论语·述而》。

子曰:"伯夷、叔齐不念旧恶,怨是用希。"

很多人都把"怨是用希"增字译成"(别人对他们的)怨恨因此就少了",这样翻译当然可以,从古代汉语语言习惯上讲,也讲得通。但直接译为"怨恨因此就少了"其实更好——钱穆先生就是这样理解的。内心中没有怨恨,没有对别人的不满,这是清洁自己的内心。而能保持内心的清洁与平静,不是一个人最大的幸福吗?现在人们讲健康,有一个理念是"排毒",排出身体的毒固然很重要,其实,排出心理上、精神上的毒,更重要,而"无怨",则是心理精神健康清洁的重要标志。

所以,孔子虽然"恶不仁者",还宣告仁者"能恶人"[1],但他还是要我们"人不知而不愠"[2],"劳而不怨"[3],"在邦无怨,在家无怨"[4],要我们"克、伐、怨、欲"都要戒除[5]。

这不是让我们放过他人,是让我们放过自己,为我们自己好。康德说,生气是用别人的缺点来惩罚自己——把对别人缺点的怨恨聚集在自己的精神中,使之成为毒素,不仅不仁,还不智。

但是,让我们生气怨恨的,真是别人的缺点吗?或者说,我们真的具有怨恨他人的道德优势吗?《论语·里仁》:

---

1 《论语·里仁》。
2 《论语·学而》。
3 《论语·里仁》。
4 《论语·颜渊》。
5 《论语·宪问》。

子曰:"放于利而行,多怨。"

一切依照着利的目的来行事,心里便会生出种种怨恨——原来,我们怨恨别人时,并不是因为我们对别人的道德期望落空,而是我们对别人的利益诉求落空!别人之所以招致我们的怨恨,并非是他们不能满足道德要求,而是不能满足我们的利益要求!当我们怨恨别人指责别人时,我们并不那么高尚!

怨恨来自受阻的利益,却装成来自不得伸张的道德。为什么我们要把自己的怨恨情绪打扮得高尚起来?为什么我们要把心中油然而生的怨恨伪造一个道德的出身?——因为不把自己打扮成道德一方,就无埋怨他人的资本。这是自欺欺人,却往往是不自觉的,是在潜意识中完成的,当怨恨在意识的水面上冉冉升起的时候,她已经被打扮成根红苗正的道德小姑娘了。所以,怨恨会导致道德的后果,但是,它的起因主要还不是道德问题,而是心理问题——所以,我们无须讨伐人人都会有的对他人、对世界的"怨恨"。而必须思考我们如何避免这种既无道德也不健康的负面情绪。好在,夫子在《论语》里已经给了我们答案,《里仁》,夫子说:

苟志于仁矣,无恶也。

——假如存心于仁,便没有厌恶他人的情绪了——即便他人有道德缺陷,对他的厌恶,也是立足于希望他变好,还是爱。

《卫灵公》,夫子还说:

躬自厚而薄责于人,则远怨矣。

——要求自己严,期望别人宽,哪里还会有什么怨恨呢?

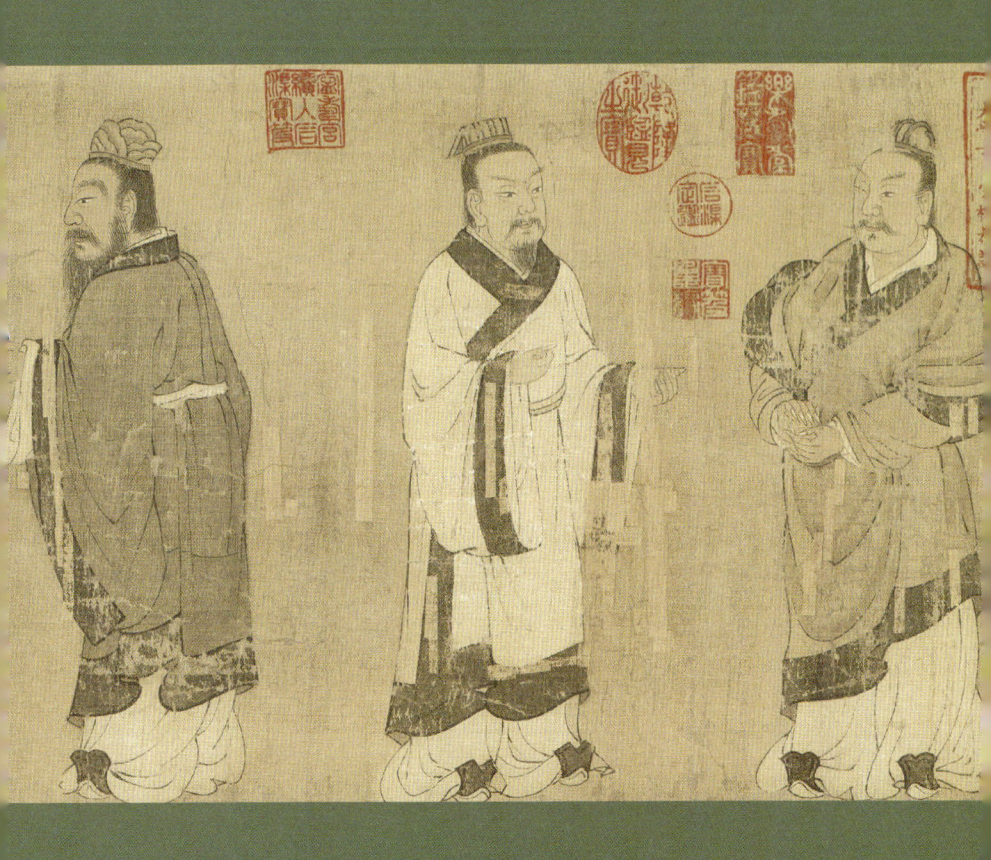

绢本设色长卷《孔子弟子像》局部。作者：【唐】阎立本。首都博物馆藏。

此卷高32.3厘米，长870厘米，绘有孔子及弟子立像共59人，无名款。曾藏于清宫内府，见于《石渠宝笈续编》，题名为"阎立本画孔子弟子像一卷"。后流失日本。2002年回归中国。

左为孔子。右侧多出两位，不知何人。

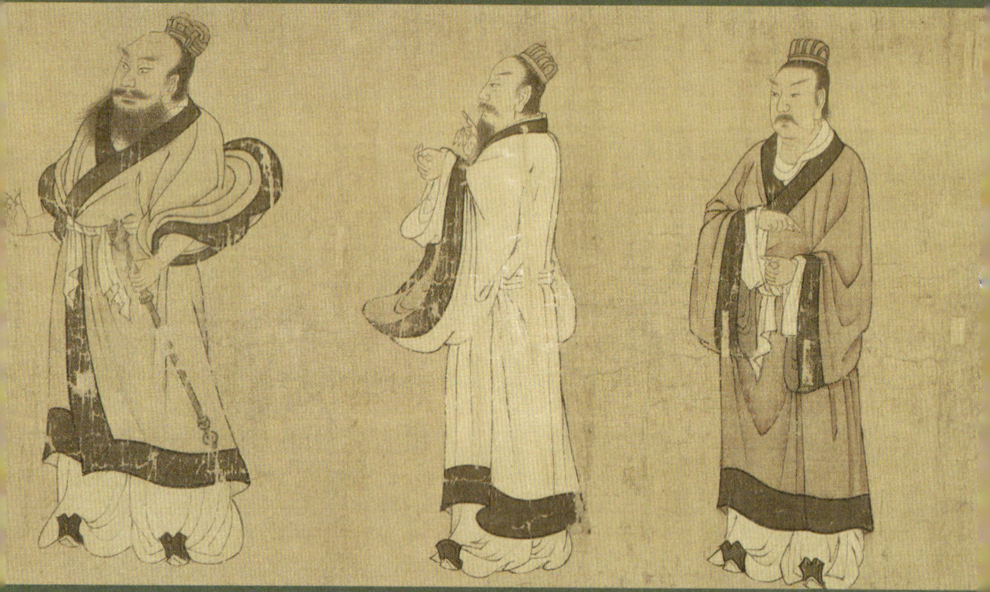

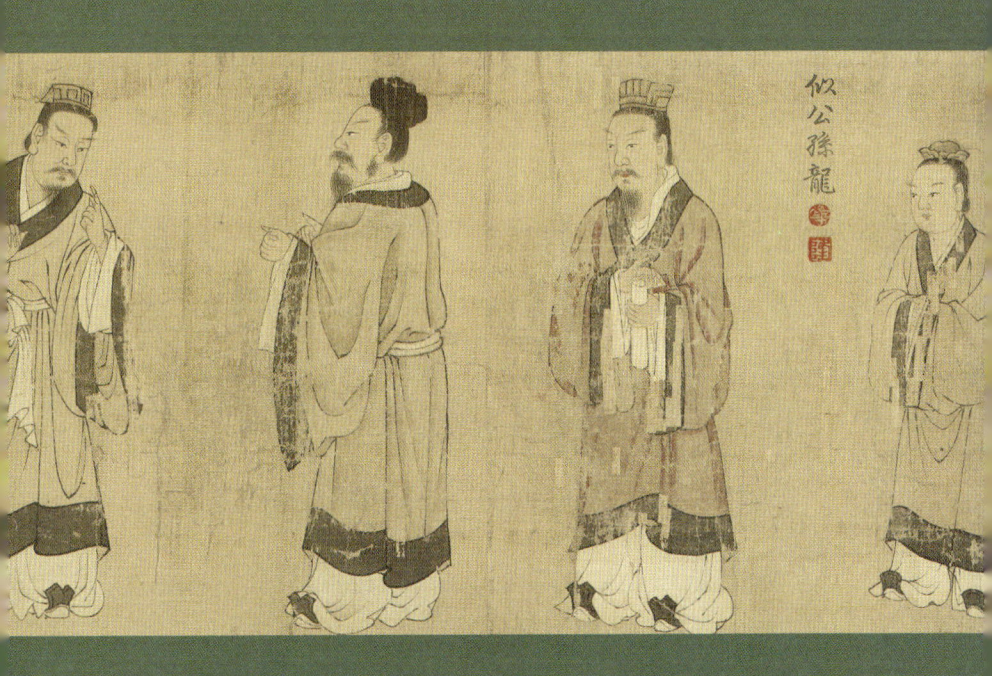

【唐】阎立本：《孔子弟子像》。全卷绘59人，皆无名款。现均呈现于后。

弟子三千。
七十二贤。
孔门十哲。
孔门四科。
德行政事。
言语文学。
登堂入室。
配享孔庙。

传〔唐〕钟绍京所书。

【唐】阎立本：《孔子弟子像》局部。

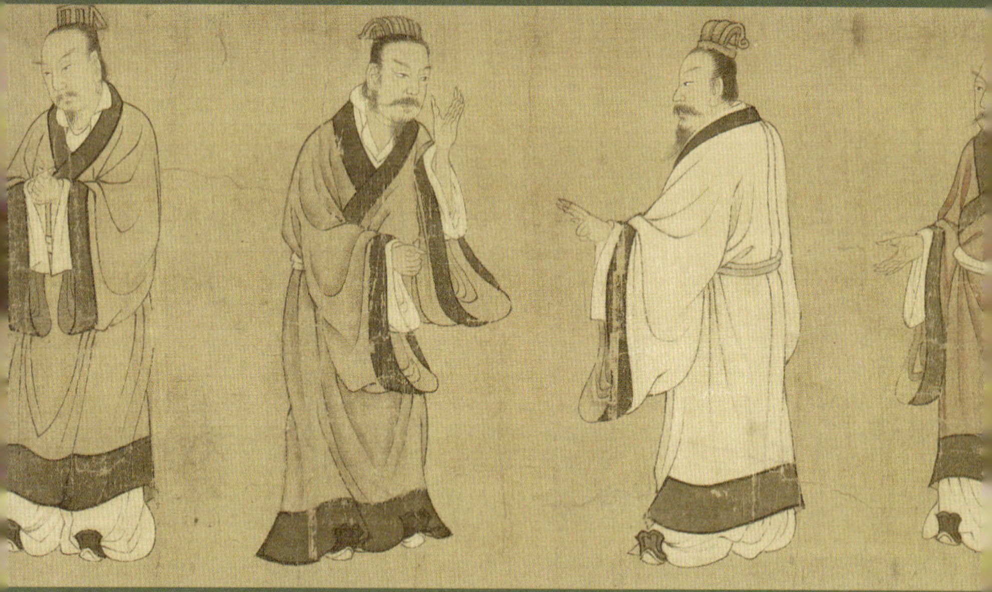

【唐】阎立本：《孔子弟子像》局部。

颜回颜渊少孔子三十岁。
闵损子骞少孔子十五岁。
冉耕伯牛少孔子七岁。
冉雍仲弓少孔子二十九岁。
冉求子有少孔子二十九岁。
仲由子路少孔子九岁。
宰予子我少孔子二十九岁。
端木赐子贡少孔子三十一岁。
言偃子游少孔子四十五岁。
卜商子夏少孔子四十四岁。
颛孙师子张少孔子四十八岁。
曾参子舆少孔子四十六岁。

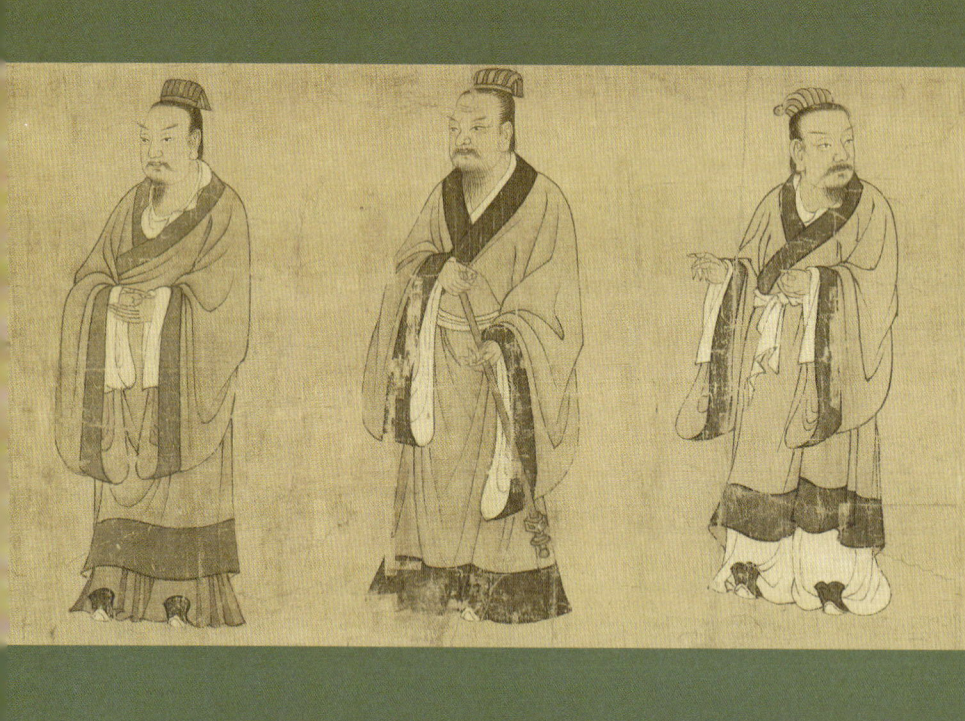

商瞿子木少孔子二十九歲。
高柴子羔少孔子三十歲。
漆雕開子開少孔子十一歲。
澹台滅明子羽少孔子三十九歲。
宓不齊子賤少孔子三十歲。
原憲子思少孔子三十六歲。
有若子有少孔子四十三歲。
公西赤子華少孔子四十二歲。
樊鬚子遲少孔子三十六歲。
冉孺子魯少孔子五十歲。
公孫龍子石少孔子五十三歲。

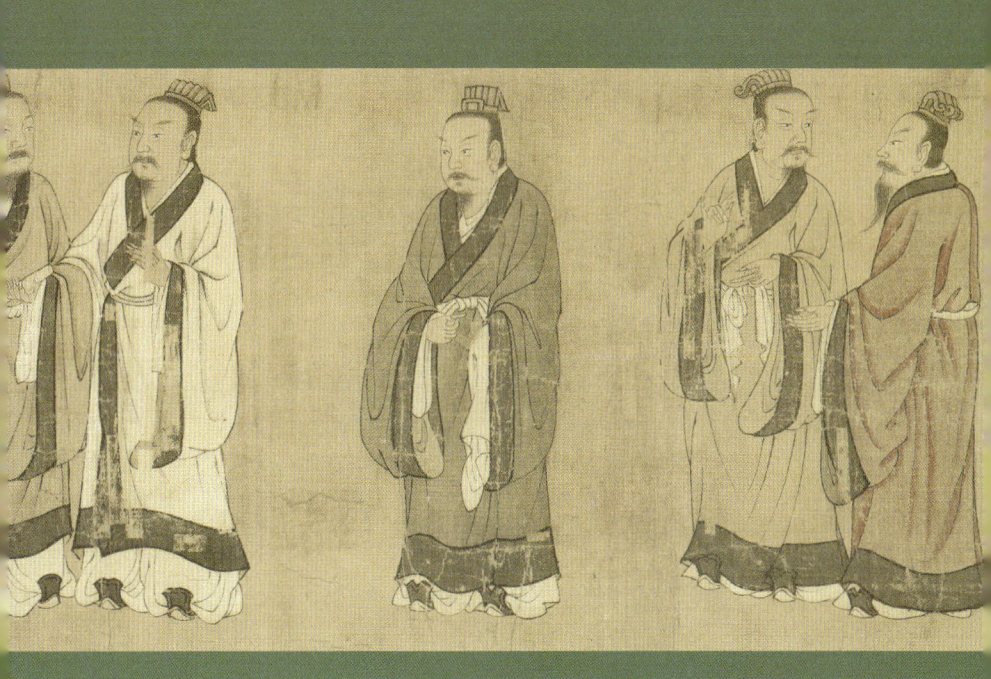

【唐】阎立本:《孔子弟子像》局部。

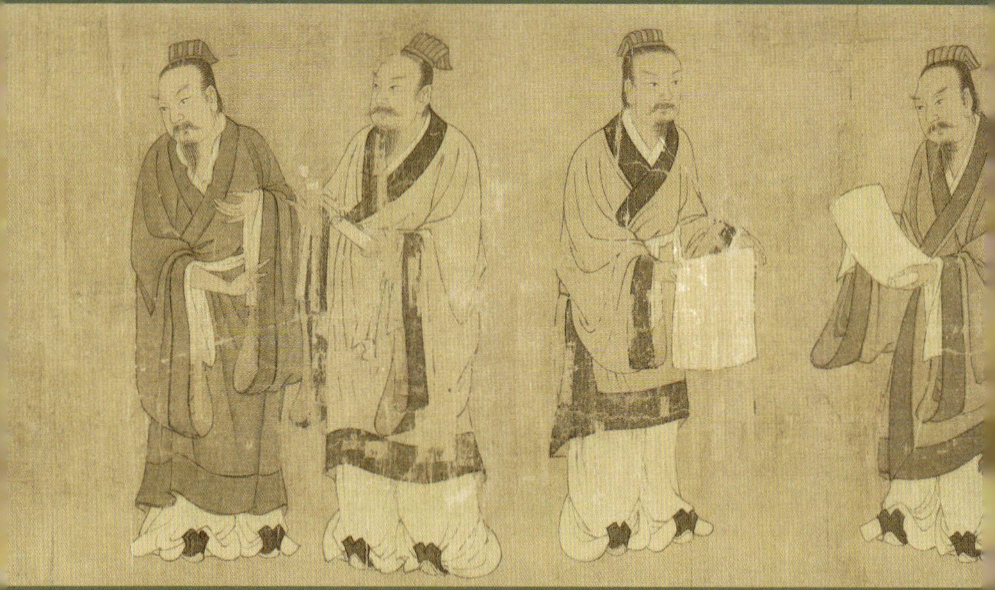

【唐】阎立本:《孔子弟子像》局部。

魯國曾點。
齊國步叔乘。
魯國顏無繇。
魯國公伯寮。
宋國司馬耕。
齊國公冶長。
魯國南宫適。

齊國公皙哀。
楚國公孫龍。
秦國秦祖。
楚國任不齊。
陳國公良孺。
秦國壤駟赤。
衛國奚容蒧。

【唐】阎立本：《孔子弟子像》局部。

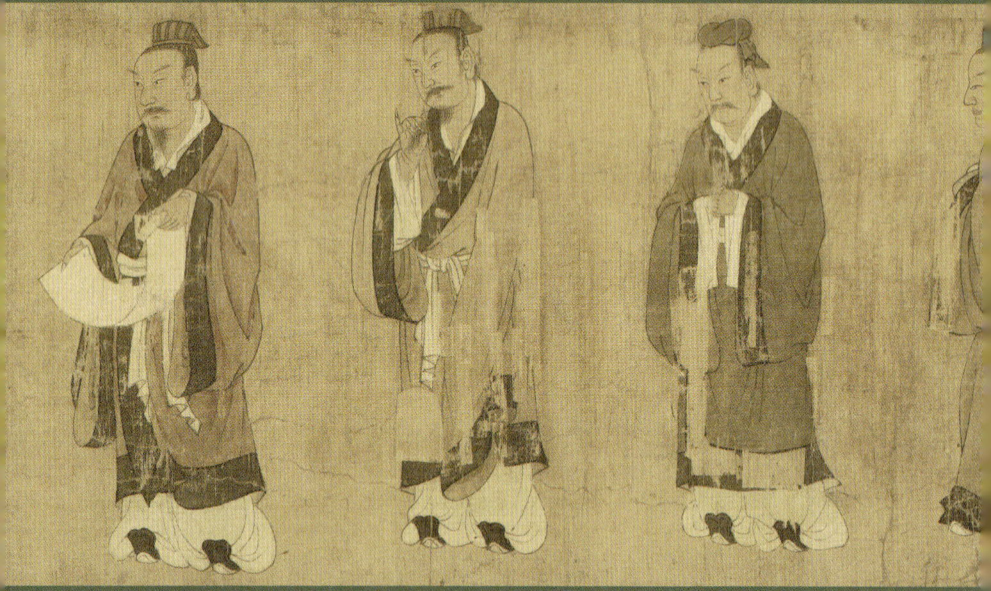

【唐】阎立本：《孔子弟子像》局部

吴国言偃。
晋国叔仲会。
卫国句井疆。
鲁国颜之仆。
鲁国左人郢。

【唐】阎立本：《孔子弟子像》局部。

琴家：朱晞，国家级非物质文化遗产古琴艺术（虞山琴派）代表性传承人。

《幽兰》又名《猗兰》，相传孔子所作。汉蔡邕《琴操》云："《猗兰操》者，孔子所作也。孔子历聘诸侯，诸侯莫能任。自卫反鲁，过隐谷之中，见芗兰独茂，喟然叹曰：'夫兰当为王者香，今乃独茂，与众草为伍，譬犹贤者不逢时，与鄙夫为伦也。'乃止车援琴鼓之云：'习习谷风，以阴以雨。之子于归，远送于野。何彼苍天，不得其所。逍遥九州，无所定处。世人暗蔽，不知贤者。年纪逝迈，一身将老。'自伤不逢时，托辞于芗兰云。"

扫码听一曲
《幽兰》

君子可以被欺骗

有一天,孔子的学生宰我问了孔子一个很古怪的问题:"老师,一个好人君子,假如我们诓骗他:'有人掉到井里啦!'他会马上跳下井去救人吗?"孔子皱眉回答说:"怎么会呢?君子可能会马上赶去察看,但不会糊里糊涂就往下跳。我告诉你:君子可以被欺骗,却不会被愚弄。"

这宰我的问题也太弱智,不用说有智慧的君子,就是一个有着正常智力的普通人,他也不会不看看井里是否真的有人,就一下子糊里糊涂地跳下去啊。

但这段对话的价值不在于宰予的这个没有技术含量的问题,也不在于孔子对君子是否入井救人的回答,而在孔子的"君子可以被欺骗"的观点。

有意思的是,孟子竟然也持这种观点。

孟子有句名言："君子可以欺以其方。"[1] 就是说，君子可以被人用正当的理由欺骗，用合情合理的骗局欺骗。

孟子举过一个例子。郑国国相子产，是个仁德之人，智慧之人，孔子曾经向他讨教，还夸奖他是"古之遗爱也"。一天，有人给子产送来一条活鱼，子产仁慈，让手下小吏把鱼拿到院子里的池子放生。这人却把鱼弄回家自己偷偷煮着吃了。第二天，子产见到他，问："那鱼放生了吗？"他说："已经放生到水池里了。"为了增加这个谎言的可信性，他接着编造说："那鱼啊，挺逗。一开始放到水里，半死不活的；过了一会儿，它就恢复了生气，摇头摆尾地游走了。"子产一听，很高兴："得其所哉！得其所哉！"——这个鱼终于到它该去的地方了。[2]

这个把鱼吃掉还骗人的小吏真是个小人。欺骗子产这样的忠厚君子，不仅毫不惭愧，反而觉得子产愚蠢可欺。他出来以后，洋洋得意地对别人讲："谁说子产聪明呢？我明明把鱼吃到肚子里去了，他还连声称赞：鱼到它该去的地方去了，鱼到它该去的地方去了！他真是可笑啊。"

究竟是子产可笑还是这个小吏可恶？子产让他把鱼放了，他违背承诺，却把谎话编得活灵活现，合情合理，子产为什么不相信他呢？一个人，把别人对他的信任看成愚蠢，他希望别人把他看成什么样的人呢？

合情合理地相信别人，不仅是仁者，也不失为智者。他在被

---

[1] 《孟子·万章上》。
[2] 《孟子·万章上》。

小人欺骗之前，已然站在小人无法企及的高处。

用合情合理的谎话欺骗别人，不仅是佞者，还是愚者。他在损害别人之前，自己先自堕落。

君子不怀疑正当的东西，不质疑合情合理的东西——因为，维护一个社会基本的信任底线，比防范受骗还要重要。

道德的好处

《论语·卫灵公》：

子曰："人能弘道，非道弘人。"

既然道不弘人，道为什么对人那么重要？我们为什么还要坚持道德弘扬道德？

其实，当子路问孔子"君子亦有穷乎"时，孔子就毫不委婉地回答："君子固穷。"这不仅是在子路天真烂漫的额头上猛击一棒，也是对一般人理解的道德有效性的当头一棒。

但是，孔子对于子路的回答里，"君子固穷"四个字的后面还有六个字："小人穷，斯滥矣"。[1] 这六个字和前面四个字是

---

1 《论语·卫灵公》。

对照着说的，是把小人和君子做对比说的。什么叫滥？滥就是河水泛滥。河水在河床里面流动时，是有它的规则和道路的，一旦泛滥，就没有规则了，没有正当的道路了。小人亦然：他的欲望不能实现，他的事业不能成功的时候，就会像河水泛滥一样，没有方向、没有原则，无所不为。

孔子是在告诉我们：一个人有没有道德，有没有道德的约束，有没有道德的信仰，结果是不一样的。君子固穷，但穷且益坚，穷不失志，"久约不忘平生之言"[1]。他永远有尊严，永远有人格。即使在困窘之时，仍然有那样的一种精神，有那样的一种气质，仍然高贵而凛然不可侵犯，他不会变得猥琐，这就是君子。

他的人格不会因为穷而堕落；

他的精神不会因为穷而猥琐；

他的气质不会因为穷而猥琐。

这难道不就是道德给我们带来的最大好处吗？

小人正相反。在得志的时候，小人也许还有一些派头，一些模样，一旦"穷"，他就会失去方向，就会无所不为了，用孟子的话来讲，就是"放辟邪侈，无不为己"[2]，就会下流，就会堕落。这个时候不用别人来收拾他，他自己就会自轻自贱。

所以，最大的失败一定是人格的失败，最大的穷一定是人格上的穷，这就是君子和小人的区别，这就是道德的有效性：道德不会保证我们成功，但是道德能够保证我们不会堕落；道德能够

---

1 《论语·宪问》。

2 《孟子·梁惠王上》。

保证我们在失败的时候仍然是有精神的。

在《论语·卫灵公》里面,孔子对子路还说了一句话:

> 由,知德者鲜矣!

显然,在和子路的对话里,孔子发现了一个严重的问题:对于道德的内涵,对于道德最高境界有所理解的人太少了。很多人都是从功利的角度去理解道德,做好人的动力就是好人有好报,而这"报",还就是很现实的功利之报。

所以,孔子很感慨地对子路说,仲由啊,能够对道德做透彻理解的人很少啊!

孔子是在感慨:

知道道德并不保佑我们成功,而只是保佑我们成人的人,很少啊!

知道成人比成功更重要的人,很少啊!

把追求成人看得比追求成功更重要的人,很少啊!

道德的变态

《论语·公冶长》：

> 子曰："巧言、令色、足恭，左丘明耻之，丘亦耻之。匿怨而友其人，左丘明耻之，丘亦耻之。"

孔子说："甜蜜花巧的话语，奉承讨好的脸色，过分做足的恭敬，左丘明以之为耻，我孔丘也以之为耻。隐藏起怨恨，假装和他友善要好，左丘明以之为耻，我孔丘也以之为耻。"

在这里，孔子列举了三种人格姿态：巧言、令色、足恭，再加一种行为：匿怨而友其人，并引用左丘明的态度，对它们做出了"耻"的宣判。要知道，"耻"是孔孟为代表的儒家道德法庭的最严厉判决。

我们来分析一下孔子的判决。

先看巧言、令色。巧和令本来都是好词，比如"巧笑"就好，《诗经》这么写女子，孔子很欣赏，《论语·八佾》：

> 子夏问曰："'巧笑倩兮，美目盼兮，素以为绚兮。'何谓也？"子曰："绘事后素。"曰："礼后乎？"子曰："起予者商也！始可与言诗已矣。"

为什么用在言和色上，就让君子引以为耻了呢？因为，对别人花言巧语，胁肩谄笑，不仅有违真诚，还是自我的奴化。更糟糕的是，这种自我人格奴化，会导致君子方正人格瞬间坍塌、萎缩，所以子曰："巧言乱德"，[1] 指的就是巧言对于人的德性的伤害，甚至直接伤害到君子人格中的膏肓部位——仁——子曰："巧言令色，鲜矣仁。"《论语》中这句话在《学而》《阳货》中两次出现，不能仅仅理解为编纂上的疏忽。

再看"恭"。孔子是很赞赏为人之"恭"的，他说君子是"敬而无失，与人恭而有礼"[2]。他称赞他的好兄长子产，是"其行己也恭"[3]。学生樊迟问仁，他的回答是："居处恭，执事敬，与人忠。虽之夷狄，不可弃也。"[4] 学生子张问仁，他的回答是："能

---

1 《论语·卫灵公》。
2 《论语·颜渊》。
3 《论语·公冶长》。
4 《论语·子路》。

行五者于天下，为仁矣。"这五者是"恭、宽、信、敏、惠"[1]。第一个就是"恭"。君子"九思"也有"貌思恭"[2]这一思。他自己，不仅"温良恭俭让"[3]，日常气质还"恭而安"[4]。

所以，孔子反对的，不是"恭"，而是"足恭"，就是刻意做足的恭。举个例子，在街上碰到老师，打个招呼，问个好，甚至鞠个躬，都是"恭"，很好。但假若突然趴到地上去磕头，那就不好，就是"足恭"。这种"做足"的"恭"里，一定有"做"的成分，其用心，就不好说了。

恭是道德的正态，足恭是道德的变态，也是道德的丑态。

再看"匿怨而友其人"，这也不好，为什么？因为这种行为，对人对己，都不公平。怨他，却又要强迫自己与之为友，这不是对自己不公平？与之为友，却又内心怨恨他，这不是对别人不公平？君子不屈己，亦不欺人。

实行道德，须是自然的而不是刻意和曲意的。道德的状态应该是随意自然的状态，不自然的状态一定不是道德的状态，至少不是自发自觉的道德状态，而是扭曲的状态——有时是被外力强迫而扭曲，有时甚至是被自己强迫而扭曲。这种扭曲的社会道德状态或个体道德状态，比如三月份小学生大街上打扫卫生，大学生大街上摆摊为人理发，会让人感觉到一种特别的别扭——那是不舒展的道德的别扭。

---

1 《论语·阳货》。
2 《论语·季氏》。
3 《论语·学而》。
4 《论语·述而》。

道德强迫症

子游是孔门十哲之一,他说的话,在《论语》里有六条,其中两条是与老师的往还对话。总体而言,这些话,颇显贤哲气象,不愧四科十哲之列。

比如《论语·里仁》记子游说:"事君数,斯辱矣,朋友数,斯疏矣。"就是勘破世道之后的通达之语。其意思是,事奉君主,如果过分烦琐,就会招致羞辱;对待朋友,如果过于烦琐,反而会被疏远。

为人谋而不忠乎?这是曾子的每日反省。但是,忠,其实是要有分寸的。过分的忠——不能适可而止的忠行,喋喋不休的忠言,在形成对别人强迫的同时,还会变成对自己的强迫,从而蜕变为一种道德强迫症——我姑且称之为忠诚强迫症。

我们来看一个病例。

《论语·公冶长》:

子曰:"孰谓微生高直?或乞醯焉,乞诸其邻而与之。"

孔子说:"谁说微生高这个人直爽呀?有人向他讨点醋,他不直言自己没有,却到他的邻居家去要了点醋给人。"

这个微生高,很多人认为就是后来《庄子》《战国策》中的"尾生高",鲁国人,以直爽、守信著称。《庄子·盗跖》:"尾生与女子期于梁下,女子不来,水至不去,抱梁柱而死。"《史记·苏秦列传》:"信如尾生,与女子期于梁下,女子不来,水至不去,抱柱而死。"

坚守道德信条而至于如此极端和拘泥,也是一种强迫症。

我曾在中学讲座时对学生说,为什么你们要学"物理"?因为要知道这个世界上万物都有一个理,你们不仅要了解这个理,还得学会遵守万物之理,此之谓"常"。你们为什么又要学"化学"?因为世界万物之理,在一定条件下,会发生变化,所以还得了解变化之学,学会适应变化,甚至推动有价值的变化,斯之谓"变"。世事有常有变,为人有守有权。无操守,不足为君子;无权变,容易成禽兽。

这个尾生高,就是属于物理学得好,而化学基本没学的典型。不学变化之学,不通变化之理,不会应付变化之事。与女孩既有约,女孩当来,这是"常";可是女孩当来没来,就是"变"——肯定情况发生了变化,说不定还是女孩变了心。约会地点在桥下,这是"常";可是洪水来了,淹没了桥下,就是"变"——就算女孩没变心耽误了一点时间,后来来了,发现桥下都是水,难道她会潜水到下面找你约会去吗?

很多事,你把它推到极端,就知道它的荒谬。

再看看孔子对微生高借醋一事的批评。

乍一看,微生高这个人还真不错:别人向他借醋,他没有,却不说没有,转而向邻居家讨来给人。但细一想,就不对了:有就说有,没就说没,有则与之,无则辞之,何必如此曲意做好人?如此拖泥带水,小心翼翼,是有意讨好别人,还是患有道德强迫症?

所以,孔子说他不直爽。

人生在世,做人做事,都不能太刻意,这样会显得太有心机。也不能太曲意,这样会显得很烦琐。

长期烦琐,人必猥琐。人一猥琐,便一无是处。

做人干净利索一点,洒脱一点,直率一点,是近乎君子的。

所以,子曰:"君子坦荡荡,小人长戚戚。"[1]什么意思呢?——君子奉行道德,却从无道德紧张;小人畏惧道德,常有道德恐慌。

所以,子曰:"君子贞而不谅。"[2]君子守信却不固执。什么意思呢?——君子遵循道德,却不会被道德绑架,出让自由。

君子是道德的,君子也是自由自在的。

---

[1] 《论语·述而》。
[2] 《论语·卫灵公》。

不强迫他人为善

《论语·宪问》：

> 子贡方人。子曰："赐也贤乎哉？夫我则不暇。"

子贡试图拿道义法则来规范别人。孔子揶揄道："赐呀，你就那么好吗？要叫我呀，可没有这闲工夫。"

钱穆先生曾在《论语新解》中提出一个问题："一部《论语》，孔子方人之言多矣，何以曰'夫我则不暇'？"

其实，《论语》里确实有不少孔子批评别人的言论，但"方人"与"批评人"还不完全相同，"批评"，只是一种衡量评价，局限于客观的描述，至于被批评之人是否因之改变，批评者对此最多只有期望而无强制;"方人"则有"以某种规矩方圆纠正别人以迫其改正"的意思,包含着迫使对方就范的意味,这正是孔子反对的。

不妨来看看《论语》中孔子或他弟子的相关言论。《论语·里仁》:

> 子游曰:"事君数,斯辱矣;朋友数,斯疏矣。"

事奉君主,如果过分烦琐,就会招致羞辱;对待朋友,如果过于烦琐,反而会被疏远。《论语·里仁》:

> 子曰:"事父母几谏,见志不从,又敬不违,劳而不怨。"

侍奉父母,假如他们有什么不对的地方,委婉地劝说。看到自己的意愿没有被父母听从,仍然要恭恭敬敬,不违背他们,辛劳也不怨恨。《论语·颜渊》:

> 子贡问友。子曰:"忠告而善道之,不可则止,毋自辱焉。"

给朋友忠诚的劝告和委婉恰当的开导,他不听,就算了,不要自找侮辱。

这些言论涉及了人伦五常中的三伦:君臣、父子、朋友。孟子也有"父子不责善"[1]的主张,如此亲近之人,都不可有道德强制,

---

1 《孟子·离娄上》。

哪怕是出于善意、为他们好也不行，遑论其他！

人是自由的，人之个性甚至一些道德上的缺点、不足，在没有形成对他人直接的伤害时，是否改变或保持，是由他自己决定的。曾经有一个笑话：一个人的帽子破了，头发从破洞处翘出来，很难看。有人劝他：换个新帽子吧，太难看了。此人答曰：我为什么要为了你们的好看而花钱买新帽子呢？

这个笑话当然是为了嘲笑这个戴破帽子的人，但是，他却说出了一个道德事实：我的破帽子并没有对他人造成直接的伤害，我戴破帽子也不是为了伤害谁或故意影响市容，你觉得难看，不看就是。你当然可以建议我换一顶新帽子，但是不能强迫我换一顶新帽子，哪怕你是出于对我的好意，哪怕你自己出钱给我换。换不换的最后决定权，在我自己。

我们没有强制修正别人的权力，人类的道德建设只能是"提倡"而不能是"强迫"，原因有二：

一是，"相信"每个人的理性能力，是道德的前提。因为否认人的理性能力，否认人能够自我分辨是非善恶和利害，并据此采取相应的自主行为，则道德根本无立足之地，人类社会的治理也根本无须道德。因为假如人类是无理性鉴别力的物种，则人类根本无法自律，根本无法遵循道德，治理人类社会，只要刑律即可。

二是，"道德须是道德主体自觉自愿的选择"，假使他们错了，我们可以提醒、劝诫甚至警告，却不得强迫。任何强迫而来的行为都无关乎道德，正如我们不能夸奖奴隶勤劳，囚徒规矩，家奴忠诚。

强迫他人，哪怕是强迫他人向善，哪怕这种强迫是出于为他好的善意,都会导致人类的核心价值受损:这个核心价值,就是人的自由和人的尊严!

让我们再次听听孔子在两千多年前的警告:

> 人而不仁,疾之已甚,乱也。[1]

即使他人不道德,我们也没有强制修正他们的权力,滥用修正权,是人类最大的祸乱。

---

1 《论语·泰伯》。

价值有边界

"信",是孔子确立的诸多价值之一种,他的"四教"里面,就有一个"信"[1],他警告"人而无信,不知其可"[2],以至于断言"民无信不立"[3]。但是,有意思并令不少人糊涂的是,在另一个场合,他竟然又说"言必信,行必果,硁硁然小人哉"[4],而孟子竟然接着说:"大人者,言不必信,行不必果,惟义所在。"[5]

"言必信,行必果"竟是小人?"言不必信,行不必果",才是大人?

其实,孔子不是反对诚信,也不是反对

---

1 《论语·述而》。
2 《论语·为政》。
3 《论语·颜渊》。
4 《论语·子路》。
5 《孟子·离娄下》。

做事情要有结果；他只是反对中间的那个字：必。"必"就是绝对化。这里的"小人"，是指不知变通固执己见而自以为是的人，"硁硁然"就是坚确不变，死守一端，脑袋如花岗石一般的意思。

我们先来看看孔子本人经历的一件事。

他在周游列国的过程中，经过一个叫蒲的地方时，被当地人包围了。蒲人给出的条件是：只要答应不去卫国，我们就放你们走。

孔子说好，答应你们，不去卫国。

等蒲人的包围圈一撤，孔子把马车一赶，对弟子们说："走，我们到卫国去。"

弟子们很不理解："老师，您刚刚跟人家盟誓过，怎么能说话不算数呢？"

孔子说："要盟也，神不听。"——被逼迫做出的盟誓，神灵并不认同[1]。换成今天的法律术语，就是：违背对方意愿签订的合同，法律不承认。

这个极端的例子可以说明："言必信，行必果"肯定不对——因为，"必信""必果"的表述，属于逻辑学上的"全称肯定判断"，全称肯定判断是对某一类事物的全部对象都具有某种属性加以肯定的判断，其结构形式是"所有 S 都是 P"。"言必信，行必果"就意味着所有的承诺都必须兑现，包括被逼迫的承诺；所有的行为都要做出结果，包括罪错的行为。这多么荒谬？

某些很好的人生原则——比如言而有信——一旦绝对化，就可能陷自己于不仁不义。世界太复杂，情形也多种多样、千变万化，

---

[1] 《史记·孔子世家》。

即使是自主自由的情形之下,言也可能有失,行也可能有错,一旦发现自己的言行有失误和罪错,难道还要硬着头皮"必信""必果"吗?

所以,言必信,行必果,至少与另外一个有价值的人生原则发生矛盾,那就是"知错就改",而"改过"也是孔子强调的价值之一,子就曾经曰:"过而不改,是谓过矣。"[1]"不贰过"是他对颜回的高度评价[2],在他看来,人的一生,就是改过的一生,就是不断否定自我的过程。蘧伯玉使人于孔子,孔子与之坐而问焉,曰:"夫子何为?"对曰:"夫子欲寡其过而未能也。"使者出,子曰:"使乎!使乎!"[3] 他的一句"过则勿惮改"在《论语》中两次被记录[4],说明弟子们对老师的这句话印象极深,子贡就把"改过"看成是君子的品行:子贡曰:"君子之过也,如日月之食焉:过也,人皆见之;更也,人皆仰之。"[5]

这个世界有多种价值,它们都有各自的界限从而可以并行并立。把一种价值推到绝对,使其无限扩张或畅通无阻,则必然碰伤甚至践踏其他价值。

苏轼《省试刑赏忠厚之至论》,基于"过乎仁,不失为君子;过乎义,则流而入于忍人",而结论曰:"仁可过也,义不可过也。"其实,"仁"也不可太过,太过而至于如明代马中锡《中山狼传》

---

[1] 《论语·卫灵公》。
[2] 《论语·雍也》。
[3] 《论语·宪问》。
[4] 《论语·学而》和《论语·子罕》。
[5] 《论语·子张》。

中的东郭先生，仁而近于愚，也就是孔子所鄙夷的"从井以救人"了——《论语·雍也》：

> 宰我问曰："仁者，虽告之曰：'井有仁焉。'其从之也？"子曰："何为其然也？君子可逝也，不可陷也；可欺也，不可罔也。"

子贡曾经问过孔子这样的问题："有一言而可以终身行之者乎？"[1] 这个问题，如果把它形而上一点，就是：有无一种价值是绝对的？

孔子的回答很有意思："其恕乎！己所不欲，勿施于人。"

具备绝对价值的，不是温良恭俭让，不是恭宽信敏惠，不是仁义，不是孝悌，不是勇，不是诚，甚至也不是他一以贯之的"忠恕之道"中的"忠"，而只是一个"恕"。

为什么？

因为，"己所不欲，勿施于人"，"勿施"，就是"不做"，只有"不做"的事，才有绝对的价值。凡有言行处，定须方圆规矩以界之限之！

> 子绝四：毋意，毋必，毋固，毋我。[2]

1　《论语·卫灵公》。
2　《论语·子罕》。

孔子，深知价值的边界，更深知人的局限。

有局限的人，只能使用有边界的价值。

有局限的人，必须具有谨守边界的谦卑。

好好先生德之贼

《论语·阳货》：

子曰："乡愿，德之贼也。"

《孟子·尽心下》：

孔子曰："过我门而不入我室，我不憾焉者，其惟乡原乎！乡原，德之贼也。"

不得中行而与之，必也狂狷。狂者进取，狷者有所不为，这些都是有个性、有原则的人，可入益友之列。而乡愿之人，便辟，善柔，便佞，实是损友，对这类人过门不入而无憾，在孔子眼里，此类人毫无价值。李贽《与耿司寇告别》："若夫贼德之乡愿，则虽过门而不欲其入室，盖拒绝之深矣，而肯遽以人类视之哉！"简直不把乡愿之人当人了。

孔子骂过不少人，但我以为，在孔子所骂的人之中，这种人最可恶、最该骂。

徐干《中论·考伪》："乡愿亦无杀人之罪，而仲尼恶之，何也？以其乱德也。"

为什么"好好先生"的乡愿，是"德之贼"？

我们来分析一下。

我们身边有一位"好好先生"——当你做好事时，他的态度无足轻重，因为我们做好事，不是为了别人说好话。况且这种永远在说人"好话"的人的"好话"，值几个钱？

当你做了坏事时，别人可能会批评你，指责你，甚至惩罚你。唯有他不得罪你，你会觉得他好。

当你受了坏人欺侮时，他固然不会说你坏，但他为了做"好好先生"，也不会制止或批评坏人（正如你做坏事时他不批评你）。甚至他反过来劝你要宽容一些，想开一些，让你理解、体谅、宽容坏人坏事。

把上面几点一综合一合并，我们可以看出，所谓"好好先生"，就是永远是在坏人坏事面前做好好人，他永远不得罪坏人，永远抹杀是非界限，永远没有原则，并用他的抹杀是非和无原则，鼓励、怂恿坏人坏事，包庇坏人坏事。在他那里，天下没有是非也没有正义。他永远不会站在正义一边、站在善良一边、站在弱小一边，永远不会抵制坏人坏事。他只是劝说好人、受害者、受压迫者、受侮辱者：要理解、宽容甚至感谢坏人、施害者、压迫者、侮辱者！

这种人绝顶的自私，绝顶的懦弱，绝顶的屠头，绝顶的卑琐，绝顶的伪善，绝顶的缺德——他可不正是"德之贼！"

人要堂堂正正，就要是非分明，爱憎分明，敢说敢做敢承当，这才是君子哪！

孟子对这种"德之贼"也曾大张挞伐，骂得比孔子更一针见血："同乎流俗，合乎污世。居之似忠信，行之似廉洁。众皆悦之，自以为是。"[1]

鲁迅把这种人称为"叭儿狗"："它却虽然是狗，又很像猫，折中，公允，调和，平正之状可掬，悠悠然摆出别个无不偏激，唯独自己得了'中庸之道'似的脸来。"[2]

鲁迅和孔子一样，对这类人深恶痛绝，以至于在他的遗嘱里，竟然有这样一条："损着别人的牙眼，却反对报复，主张宽容的人，万勿和他接近！"[3]

这不正和孔子"虽过门而不欲其入室"一样，避之如瘟疫么！

正派正直、正道直行、正大光明的人，愿意正派正直、正道直行、正大光明地活着的人，不可能不痛恨这种人！

---

[1]《孟子·尽心下》。
[2]《论"费厄泼赖"应该缓行》。
[3]《且介亭杂文附集·死》。

以直报怨

《论语·宪问》：

或曰："以德报怨，何如？"子曰："何以报德？以直报怨，以德报德。"

关于如何报怨，有三种选择：

第一，以怨报怨；

第二，以德报怨；

第三，以直报怨。

《老子》里面，也有"报怨以德"的话，但是，结合上下文，老子对此是赞成还是反对，是提倡还是嘲讽，学术界却有不同的看法。我们暂且不提。

我们看孔子，孔子不仅明确表示反对以德报怨，而且，他还说出了他反对的理由。

我们来看看孔子的回答："如果你以

德报怨，那你拿什么来报德呢？正确的做法是：用公正来对待仇怨，用恩德来报答恩德。"

首先，我们看，孔子没有说"以怨报怨"。这是必须坚决摒除的选项。理由很简单：以怨报怨时，你将堕落到与你要报复的人同一境界，你将失去报复他的道德优势和正当理由。无正当性的报复不仅无助于建立道德价值，反而是对道德的再一次破坏。

其次，孔子不是说"以德报怨"不可以，他只是认为不应该提倡，不值得作为一个道德命题来讨论。具体到某一个人，针对某一件事和特定的一个人，如果他愿意，他是可以"以德报怨"的，并且能这样做还可能是很可贵的。

但孔子作为一个伦理学家，他要考虑的是伦理学的秩序与平衡：假如一个人做了坏事，我们提倡以恩惠来报答他，那么，另外一个人做了好事，我们应该怎样报答他？孔子这个反问实际上蕴含着深刻的伦理内涵。回答这个反问的答案有两个：第一，以德报德；第二，以怨报德。

显然第二个选项是不可想象的。于是，就剩下了：以德报德。

结果是：以德报怨，以德报德。

也就是说，一个人，无论他是做好事，还是做坏事，他得到的社会或他人的报答是一样的：德。

这实际上就是打击好人，而怂恿坏人。

一个人做坏事理当受惩罚，付出代价，这样才能让人不敢做坏事；一个人做了好事理当有好报，这才会鼓励人们做好事。社会就应当形成这样的风气和大环境。

"以德报怨"还会使道德自身很尴尬，道德自身被置于一个或有或亡的危险境地。为什么呢？

因为，正如上面分析的，"以德报怨"使得一个人，做好事也好，做坏事也好，结果一样——道德约束力没有了。

其次，从道德的角度讲，当道德要求人们对坏人"以德报怨"时，道德首先就自己放弃了自己的职责。"以德报怨"这个命题更糟糕的地方就在这里：它把"道德"当作奖品，赠送给做坏事的人了。

孔子实际上在提醒我们：道德一旦极端化，不仅会取消自身，甚至会助纣为虐。

所以，"以德报怨"，看似"道德"，实际上倒是起了不道德的作用：使不道德的人可以肆无忌惮，不用担心承担什么后果。

可见，提倡"以德报怨"不但不能促进道德，反而要"促退"道德。

孔子可能还这样想：对一个伤害过我们的人，让我们去关心他、爱护他，我们会心情愉快吗？如果不愉快，我们有必要那么委屈自己去实行道德吗？道德难道不是让我们舒展的，而是让我们委屈的吗？难道不是让我们愉快的，而是让我们压抑的吗？实行道德的过程难道不是一个愉快的过程吗？

所以，孔子提出了"以直报怨"的观点。

用公正来对待仇怨。即使是坏人，他也应该得到公正的对待。既不特别宽恕他，更不过分报复他，让他得到他该得到的。

正义有边界

孔子不提倡"以德报怨",因为这样就等于取消了道德。但他也反对"以怨报怨",因为这样我们就会堕落得与对方一样——对方对我们的无德行为,不仅导致我们被无德伤害,还导致我们自己无德。所以,孔子的观点是"以直报怨"——以公正来对待无良之人。

可见,孔子既反对我们对坏人无原则的烂好,也反对我们对坏人无约束的报复。

孔子有一句非常重要的话:

> 人而不仁,疾之已甚,乱也。[1]

对不仁的人,恨得太过分,是祸乱——

---

[1] 《论语·泰伯》。

我们可以理解为：天下的很多祸乱，是由绝对道德主义者惹出来的。

因为，我们把道德绝对化，就会用绝对化的手段去惩戒那些不道德的人，而绝对化的手段本身即是不道德。

用不道德的手段去推行道德，就如同抱薪救火；用不道德的手段去惩罚不道德，又如同以暴易暴。

举一个例子：五十三岁的山东省威海市退休女教师李建华遭遇入室抢劫，她在身中数刀的情况下与抢劫者斗智斗勇，最终，那个十九岁的抢劫者精神崩溃、瘫倒在地，而李建华则拨打了120急救电话，让他得到及时救治。

这是很感人的事件。李建华老师在这样一个特殊的时刻，体现了人性的高贵和美好。但是，在媒体报道这件事后，却出现了争论，有不少人认为，对这样的歹徒，根本不需要同情和帮助。

一个网友在网上的留言是："假如我碰到这样的歹徒，我要扒了他的皮，抽了他的筋，吃了他的肉，砸了他的骨，吸了他的髓！"

这种极其残暴的心态，我看得毛骨悚然，从来不在网上留言的我，忍不住留了一句话："你更是歹徒啊！"

是的，对不仁之人的极端仇恨和不择手段的报复，会让我们堕落，堕落得比我们报复的人更加不仁。

所以，孔子反对用极端的手段对待不仁的人。

孔子做了鲁国大司寇，摄行相事，坚决推行"堕三都"，他的学生子路被鲁国执政季桓子任命为家臣，负责具体执行。可以说，"堕三都"的成败，关乎孔子在鲁国的政治生命。但在这样的关键时刻，孔子的另一个学生，公伯寮，竟然对季氏说子路的坏话，导致子路丢了职务，对"堕三都"的失败以及孔子最终离鲁出走都负有相当大的责任。

这样一个学生,后人把他称之为"圣门蟊螣",意思是"孔子门下的害虫"。

当时,鲁国的一个大夫叫子服景伯的,对孔子说:"你的这个学生实在太不像话了,如果你允许的话,我有力量杀了他,让他暴尸大街。"孔子说:"我的道如果能够行得通,那是命;如果我的道行不通,那也是命。公孙寮能把我的命怎么样呢?"[1]

孔子断然拒绝子服景伯的杀人建议。

公伯寮不好。但是,假如我们用杀掉他的方法来对待这样的人,我们就更不好了。因为用极端的手段,用杀人的手法来清除异己,还有比这更坏的行为和更坏的人吗?

为什么孔子不赞成人们用极端方式来履行道德?为什么孔子反对用极端手段来实现正义、维护道德?因为一切极端手段必隐含着对一种价值的破坏。而且,极端手段所蕴含的破坏性,往往指向更原始、更基本的价值。

正义,是有边界的。

---

[1] 《论语·宪问》。

手段决定性质

《论语·里仁》：

> 子曰："富与贵，是人之所欲也，不以其道得之，不处也。贫与贱，是人之所恶也，不以其道得之，不去也。"

有钱和有权，这是人们所想要的，不用正当的方法去获得，君子是不会安处其中的。穷困和卑贱，这是人们所厌恶的，不用正当的方法去摆脱，君子是不躲避的。

君子与小人之区别，不在于爱财不爱财。物质上的享乐，是人的生理需要，君子与小人的生理构造是一样的，所以，对于享乐的爱好，也是一样的。

君子与小人的区别，只在于实现爱好达成欲望的手段不同。君子爱财，不仅爱之有节制，且取之有道；小人贪财，不仅贪得无厌，且不择手段。

《论语·述而》：

> 子曰："饭疏食，饮水，曲肱而枕之，乐亦在其中矣。不义而富且贵，于我如浮云。"

不正当得来的富贵，是不吉利的，是不长久的，如浮云一般，易聚，更易散。所以，面对这样的富贵时，不贪求，不垂涎三尺，视如天边的浮云，毫不动心。这"不义而富且贵，于我如浮云"，真是大潇洒，有此大潇洒，方有大自在——一种脱钩之鱼般的自在。孔子说这话时，是深感这种大自在的。

其实孔子一点都不自命清高并以此骄人。他从不贬低常人的欲望以及对此种欲望的孜孜以求，更不否定欲望的满足达成带来的快乐。他只是不断提醒我们：见得思义。《论语》中，孔子和子张都说过"见得思义"的话[1]，子张当然是称述并奉行孔子的。"得"是目标，"义"是所得之物的正当性和手段的正当性。

坏人往往不是因为一个坏目标造成的，而是一些坏手段造成的。想发财，不是坏人，用侵占不当财产的方式发财才是坏人；利己不是坏，损人以利己才是坏。

同样，判断一个人是否好人，往往也不是看他有无实现某种道德目标，恰恰相反，常常倒是看他采取何种手段来实现他的目标。假如他因为不屑于采取不道德之手段，而最终失败，他就是好人，

---

[1] 《论语·季氏》《论语·子张》。

他之所以是好人，也恰恰是因为他的失败。很多时候，失败才能成就光荣，其极端的境界，就是——杀身以成仁。

对于财富，孔子还说："富而可求也，虽执鞭之士，吾亦为之。如不可求，从吾所好。"[1]——财富如可求，当一名手拿皮鞭的市场守门卒，我也干；如不可求，我还是从吾所好。你看，孔子真的不唱高调。财富很重要，可财富也不是那么重要——通达而不矫情。

值得一提的是，这里的"可求"与"不可求"，不是从能力上着眼，而是从手段上着眼，且手段之弃取，不在高低与贵贱，而在正义与不义。当然，对于孔子来说，"可求"与"不可求"，还是从职责上着眼：他有自己的"天命"，他必须选择一种与个人财富无关的职业或义务来作为自己终身的事业，这也是他之所好——那就是传承文化，使斯文不灭。有了这样的绝大使命，哪里还能心有旁骛？财富当然就"不可求"了。

---

1 《论语·述而》。

忠,还是恕

有一次,子贡问孔子:"有一言而可以终身行之者乎?"子曰:"其'恕'乎!己所不欲,勿施于人。"[1]

可是,我们知道,就在同一章中,孔子曾经对子贡说过,他有一个"道"一以贯之,而这一以贯之的道,曾子曾经明确解释过:"夫子之道,忠恕而已。"[2]

"恕"是"己所不欲,勿施于人",将心比心,你所不愿遭遇到的,千万别强加给别人。"忠"呢,是"恕"的积极的一面:你想要的,也要帮助别人达到,用孔子自己的话说,就是"己欲立而立人,己欲达而达

---

1 《论语·卫灵公》。
2 《论语·里仁》。

人"[1]。

可见，忠是积极的道德；恕是消极的道德。"己欲立而立人，己欲达而达人"还是孔子核心思想"仁"的基本内涵。

那么，为什么在回答子贡的问题时，在自己的一以贯之的两个字里，孔子几乎是毫不犹豫地剔除了"忠"，而保留了"恕"呢？

我的理解是：

首先，从"终身行之"的角度，"忠"是对别人做有益的事；"恕"是不对别人做有害的事。简化一下，"忠"是"做"；"恕"是"不做"。

"己所不欲，勿施于人"，要的只是一种品行；而"己欲立而立人，己欲达而达人"是需要能力的。因而，"忠"不是人人能做、时时能做、事事能做的。

"忠"和"恕"的区别还不仅在此。

"忠"的定义是"己欲立而立人，己欲达而达人"，这里面暗含着一个前提，那就是：人有共同的爱好与追求。

但问题是，人与人之间有相同的欲求，也有不相同的爱好。简单地以为自己想要的别人也一定想要，从而一定让别人要，就是强加于人。

更值得我们警惕的是，忠，只是相对真理，它是一柄双刃剑，一不小心，它还会被坏人利用。坏人假冒对我们"忠"，来代替我们选择和思想，从而奴役了我们的灵魂。

在中国古代，专制君主用暴力来压服民众，实行专制，是"强

---

[1] 《论语·雍也》。

奸民意"。而以"忠"为借口，宣称君主代表民众的利益，代表"集体"的利益，剥夺每一个"个体"权利；宣称代表"长远"的利益，剥夺民众当下的利益——言之凿凿，理所应当，从而让民众放弃对立而服从，是"诱奸民意"。

强奸民意的时候，他们用的是法家的法、术、势；诱奸民意的时候，他们用的是儒家的"忠"。

商鞅指导下的秦国，李斯指导下的秦王朝，是强奸民意；朱元璋的大明，康熙、乾隆的大清，是诱奸民意。哪一个专制君主、独裁者，不是声称代表民众的利益，从而冒充民众的代表，来实行独裁统治呢？

他们总是有两手：强奸民意与诱奸民意。

被强奸，我们反抗。所以，我们至今痛恨二世、赵高；

被诱奸，我们往往配合，所以，直到今天，还有那么多人为朱元璋、康熙、乾隆唱赞歌。

孔子，看出了这个潜在的危险，并且，在两千多年前就发出了预警。

需要特别指出的是，"恕"的"己所不欲，勿施于人"的信念，正是对"忠"的片面性的纠正，是对"忠"有可能导致的严重后果的预防，是对"忠"的警告与反抗。

仁德与不幸同在

殷朝末年一个小国叫孤竹国,国君孤竹君有三个儿子,大兄叫伯夷,小弟叫叔齐。孤竹君死后,伯夷、叔齐兄弟二人互相让位,谁都不肯做国君,还都出走国门以示决绝。最后,中子做了国君,解决了国家领导人缺位的危机。

西周强大,伯夷、叔齐准备归依西周以养老,正赶上周武王兴兵伐纣,这大出他们对西周的道德想象,失望之中,他们拦车马劝阻,被武王让手下人拉开。

周灭殷后,他们耻食周粟,隐居在首阳山,采薇为食,最终饿死。

司马迁《史记》把伯夷、叔齐这对兄弟列为七十列传之首,并在《太史公自序》里这样说明:"末世争利,维彼奔义;让国饿死,天下称之。作伯夷列传第一。"

《论语·述而》载子贡问孔子:"伯夷、叔齐何人也?"孔子回答:"古之贤人也。"子贡问:"怨乎?"孔子答:"求仁而得仁,又何怨。"

在孔子看来,伯夷、叔齐无论当初拒绝君位去国离乡,还是现在拒绝周粟采薇西山,都是在坚守和追求仁德。坚守仁,必流浪挨饿;不流浪不挨饿,即失去仁。流浪和挨饿,就是仁,三位一体。假如怨恨流浪和挨饿,即是怨恨仁德,他们怎么会怨恨自己的仁德呢?

为仁德,自愿选择不幸;只有走向不幸,才能亲近仁德。

爱仁德,即会爱此不幸;不幸之中,仁德在焉。

但命运悲惨的司马迁却对此有不同的感受。在《史记·伯夷列传》中,他出人意料地记载了一首《采薇歌》:

及饿且死,作歌。其辞曰:"登彼西山兮,采其薇矣。以暴易暴兮,不知其非矣。神农、虞、夏,忽焉没兮,我安适归矣?于嗟徂兮,命之衰矣!"遂饿死于首阳山。

接下来,司马迁依据这个不知来历的《采薇歌》,疑惑地问道:"由此观之,怨邪非邪?"

其实,《采薇歌》的真实性大可怀疑,即便不是司马迁自撰以代为传情,也可能是司马迁之前一个不知名者揣摩古人心境所为。司马迁据此怀疑他们死而有怨,很不符合"学术规范"。何况,即便伯夷、叔齐真的是唱着这样的歌走进历史的迷蒙处,这歌中的怨,也不是对一己的自怜自怨,而是对人类历史的苍凉感受,他们真实地感受到了一种个人无法抗拒的悲剧：仁德必与坎廪同在，君子固穷——这是时势筑成的强大的天命。把个人的人生悲剧体认为天命——这是悲剧的最高境界，因为，它是——超越：

超越了道德，而达之于审美；

超越了哀痛，而达之于感伤；

超越了怨恨，而达之于悲悯；

超越了是非功利，达之于浑然大化。

所以，孔子说伯夷、叔齐无怨，已经不全是对伯夷、叔齐自身历史事实的判断，而是对某种境界的感知——

这种境界，即是"天"以及人受之于天的"天命"。

穿过荆棘的道德棉袄

鲁国有个人,为父(母)守丧,丧期结束的当天,就在家里唱歌。子路听到后,嘲笑他:"这个家伙太不像话,丧期一结束,就开始唱歌了。这么急不可耐吗?"

孔子一听,就批评子路:"仲由啊,你什么时候才能停止苛责别人呢?三年之丧,他已经够苦了,做得很不容易了。今天服丧期满,他唱个歌又有什么不可以呢?你对人也太苛刻了。"

其实,丧期结束的当天就唱歌,确实不好,显得他守丧只是无奈地遵守规则,而不是出于真诚的痛苦,这漫长的丧期早已使他很是急不可耐。所以,子路走后,孔子也说:"这个人丧期刚结束就唱歌,确实不好,如果再过一个月，就好了。"[1]

孔子也知道那人是错的，但问题是，他不愿意批评。在孔子看来，别人有错，不是我们苛责他的理由，恰恰是我们宽容他的地方；别人的缺点，不是我们幸灾乐祸的对象，恰恰是我们要加以呵护的。人的缺点，就如同人的伤口，需要的是呵护，而不是攻击。

《庄子·田子方》上面有一句话："中国之君子，明乎礼义而陋于知人心。"孔子明礼仪，孔子也知人心。其实，礼仪本来就来自于人心，人心高于礼仪。

再看孔子和子路的不同。《孔子家语·致思》记载：

有一天，子路问了孔子一个问题："管仲的为人怎样？"孔子回答："仁也。"可是子路不服。他说：

"管仲游说齐襄公，齐襄公不听从，说明管仲没口才。

他想立公子纠为国君却没能成功，说明他没有才智。

家人在齐国遭到杀害他没有忧伤，说明他没有仁慈心。

戴着镣铐坐在囚车上他毫不羞愧，说明他没有羞耻心。

侍奉自己曾经想射杀的国君，说明他不坚贞。

召忽为公子纠殉死而他不死，说明他不忠诚。

——这样的人难道可以称为仁人吗？"

言之凿凿，在子路眼里，管仲一无是处。

可是，对管仲的上述问题，孔子是怎么看的呢？

孔子说——

"管仲游说齐襄公，齐襄公不听从，那是襄公昏聩。

---

[1] 《孔子家语·曲礼·子贡问》。

他想立公子纠为国君却没能成功，那是时运不济。

家人在齐国遭到杀害他没有忧伤，那是他知道审时度命。

戴着镣铐坐在囚车上他毫不羞愧，那是他能把握自己。

侍奉自己曾经用箭射过的国君，那是他知道随机应变。

召忽为公子纠殉死而他不死，那是他知道轻重。"

同样的事实，不同的判断。

人生历程如同穿过一片荆棘，而偏偏我们穿着道德的棉袄。

谁能穿着棉袄穿过荆棘而不被钩挂得处处破绽？

盖棺论定之时谁能保证道德上的完璧之身？

脆弱的人性，需要宽容的世道。

艰难的人生，需要慈悲的情怀。

樊迟问仁，子曰：爱人。[1] 子张问仁，子曰：恭、宽、信、敏、惠。[2] 善待别人，不苛刻待人，就是爱人，就是仁！

---

1 《论语·颜渊》。
2 《论语·阳货》。

万物有悲我有慈

《论语·子罕》有这样的记载：

> 见齐衰者，冕衣裳者与瞽者，见之，虽少，必作；过之，必趋。

孔子遇见穿丧服的人（齐衰 zī cuī，古代用麻布做的丧服）、戴礼帽穿礼服的人和盲人，只要见到他们，即使是少年，孔子也一定站起身来，恭恭敬敬地等他们经过；如果他们在那里站立，孔子经过他们面前的时候，一定是"趋"——像在长辈或上级面前走路一样，恭敬地迈小步快快走过。

类似的记载，《论语·乡党》：

> 见齐衰者，虽狎必变。见冕者与瞽者，虽亵必以貌。凶服者式之。式

负贩者。

看见穿丧服的人,即使是平时很熟悉见面能随便开玩笑的人,此刻也一定改变惯常的那种随随便便的态度,一脸恭肃,以表示悲哀与同情。看见戴礼帽的人和盲人,即使是平时很亲热的人,也一定示以端肃的表情。在车中遇着服丧服的人,即便是负贩之人,引车卖浆之流,孔子也把身体微向前俯,手伏车前横木,表示同情。

再看《论语·述而》:

> 子食于有丧者之侧,未尝饱也。
> 子于是日哭,则不歌。

孔子在有丧事的人旁边吃饭,未曾吃饱过。人有丧事,哀感流涕,你在一旁大吃大喝,是何等心肝!

孔子本来每天都要唱歌,但是,如果他今日参加过葬礼,今日必不再唱歌。盖既需参加其丧礼,一定不是疏远之人,亲近之人,无论亲戚、师友,过世了,且刚刚临丧而哭,又有什么心情再唱歌!

人生总有种种不幸,人群中总有不幸之人,仁厚之人对不幸之人,不幸之事,总是恻隐之情难抑,何况孔子!

对别人的悲伤感同身受,是一个人崇高人格的组成元素之一啊。

《论语·乡党》:

> 朋友死,无所归,曰:"于我殡。"

朋友死亡，若没有人收殓，孔子就会说："丧葬由我来料理。"人死至于无所归，何等悲哀！孔子的一声"于我殡"，无限悲凉，又无限温暖！

孔子去郯国，和一个姓程的先生在路上相遇，倾盖而语终日，甚相亲。回头对子路说："拿一束帛以赠先生。"

子路不屑，回答说："我听说，按照礼的规定，士没有介绍而相见，与女子出嫁而无媒，都是不对的。"

过一会，孔子又一次敦促子路拿束帛赠送程先生，子路又回答如初。孔子说："仲由啊，你不记得《诗》中的句子了吗？'有美一人，清扬宛兮，邂逅相遇，适我愿兮。'现在这位程子，是天下贤士啊，此时不赠，则终身不能再见啊，小子啊，快点吧。"[1]

这个故事，总让人有一种恻然的哀伤。人生倏忽，而红尘滚滚，很多人，一旦错过，终身不再。孔子的内心啊，有多少苍凉，又有多少慈悲？

孔子到卫国去，在途中遇见以前住过的旅社家主人的丧事。孔子走进去，哭得很悲伤。出来，叫子贡解下驾车的马送给这个人家。

子贡说："老师，仅仅相互认识的人家的丧事，按礼的规定，不能赠送礼物。您现在要解下驾车的马送给旧时馆舍人家，是不是失礼了？"孔子说："我刚才进去吊丧，悲哀得流下了眼泪。我怎么能光哭而无所表示呢？你去做吧！"[2]

一个如此普通的人，没有什么交往的人，他的死亡也能让孔

---

1 《孔子家语》卷二《致思》。
2 《礼记·檀弓上》《孔子家语·曲礼·子夏问》。

子如此悲伤,以至于不解驾相送就不足以平复心中的伤痛。

这是什么?这就是慈悲啊!

因为慈,所以悲。

因为悲,所以慈。

因为我仁慈,所以我为世上的一切不幸而悲伤。

因为我知道世道的悲凉,所以我内心充满对世界万物的仁慈。

悲,是世间万物的命。

慈,是世间仁人的心。

受得了与受不了

《论语·述而》：

> 子钓而不纲，弋不射宿。

孔子只用竹竿钓鱼，而不用网捕鱼；只射飞着的鸟，不射夜宿的鸟。

钓鱼，是给鱼选择的机会，是鱼儿主动上钩，且所钓之鱼，总是有限。网鱼，是鱼别无选择而置之死地，且往往一网打尽，赶尽杀绝。

射飞着的鸟，是给鸟以逃生的机会。射夜宿的鸟，则是出其不意。于鸟而言，没有逃生的机会，于人而言，机心尤其歹毒。

人类为自己的生存，不可能不杀生。

但人类有灵魂，有爱心，杀生要有其道，要有节制，有游戏规则。尤其不能在滥杀、虐杀中培育恶的种子。事实上，人类性情中的残忍之瘤，往往是在被虐杀的动物的鲜血中吸取营养的，虐杀是恶的狂欢。

因此，反对虐杀，既是保护相对于人类显得弱小无助的动物，更是保护人类灵魂中的善。

商汤网开三面（亦作网开一面），孔子钓而不网，弋不射宿，孟子倡导"君子远庖厨"——他们要保护的，其实是人类的心灵。

今天，很多人捕鱼，已经不用网了，用什么？用雷管、用炸药、用电击！人往水边一站，雷管往水里一丢，一声闷响，一应水族，全部漂在水面上！然后，把大的捡起来，往塑料袋中一扔，背起来，转身再去别的水域。

何等有效率。

什么是最可怕的人？就是这类只讲效率不计其他的人。

什么是最可怕的文化？就是只讲效率功利不计其他的工具文化。

什么样的民族没有未来？就是只讲效率、只讲利害、只讲功利、以成败论英雄的民族！

因为，这样的人，这样的文化，这样的民族，都是没有心灵的。

再看看孔子如何对待一条死去的狗。

孔子的看门狗死了，孔子很难过，让子贡去埋掉它，交代说："马死了，用帷幔裹好了再埋；狗死了，用车盖裹好了再埋。风俗中，人家破旧的帷幔不丢弃，为的是留着埋马；人家破旧的车盖不丢弃，为的是留着埋狗。现在，我贫穷，没有车盖，你埋狗的时候，给它弄张席子吧，不要让它的头直接埋在土里啊！"[1]

这个故事的发生，应该在孔子归国的晚年，此时，子贡已经四十多岁了，是一个成功的商人，杰出的外交家，这样的一个人，埋一条狗还不会吗？孔子为什么还要啰啰嗦嗦地交代？因为孔子一想到狗的头直接埋在土里，他就受不了啊！

不仅孔子受不了，看他描述的我们先民的风俗：留下破旧的帷幔和车盖以便将来埋葬家中的动物——我们的祖先，何等良善，他们都受不了啊！

为什么有些人心地纯善？

就因为他常常受不了。

为什么有些人心地残忍？

就因为他常常受得了。

什么叫文明？文明就是对很多东西受不了。

什么叫野蛮？野蛮就是对很多东西受得了。

什么叫文化？文化就是软化，就是把我们的心灵柔软化。

柔软不是软弱，柔软是让世界领受温柔的伟大力量。

---

[1] 《孔子家语·曲礼·子夏问》。

关乎自己的心

《论语·八佾》：

> 子贡欲去告朔之饩羊。子曰："赐也！尔爱其羊，我爱其礼。"

子贡想省去鲁国告朔（每月初一祭祖庙）用的那只活羊。孔子说："赐呀！你舍不得那只羊，我舍不得那个礼。"

其实，在礼坏乐崩的时代，鲁国国君已不亲自去祖庙举行"告朔"之礼了。子贡想，既然一切只剩下了一个有名无实的空洞的形式，那还不如再简单些，何必每月还费一只羊，又麻烦，又浪费。但孔子是那么深深地眷恋着古代的礼呀！即便是一个形式，也是古礼的遗留，他也不忍心丢弃。再说，假如礼仪形式照这样简化下去，到最后，那古礼不也就真的烟消云散了?

有时,保留一个形式,哪怕它是空壳的,对人也还是一种约束,一种提醒,也还存在一种象征的意义,提示我们一种文化、政治与道德上的价值。这种价值我们甚至可以漠视,但不能遗忘,更不能否定。关键时刻,这种价值还会给我们提供一种道义上的支撑,以及,反抗的理由,批判的依据。

所以,很多传统礼仪的形式,即便看起来已经沦为空壳的形式,也是极其重要的,绝不是可有可无的。

再看下面一则,出自《论语·卫灵公》:

> 师冕见。及阶,子曰:"阶也。"及席,子曰:"席也。"皆坐,子告之曰:"某在斯,某在斯。"师冕出,子张问曰:"与师言之道与?"子曰:"然,固相师之道也。"

盲人师冕来见孔子,走到台阶边,孔子告诉他说:"台阶到了。"走到坐席边,孔子告诉他说:"坐席到了。"大家都坐下后,孔子告诉他说:"某人在哪里,某人在哪里。"

按说,古代的盲人乐师都有"相",也就是扶持他走路的人,不必孔子如此费心指点,何况此时孔子身边还有很多学生,也可以照顾这个特殊的来访者。但是,孔子看见盲人进来,眼睛就没离开过他的一举一动,并随时予以提醒。这些提醒,也许对师冕不必要,但是,于孔子自己,却是一种自然的关心与牵挂。这不是思考了自己是否应该这样做之后的理性指导下的道德行为,而是出于一种自然而然仁慈内心的第一反应,是后来李贽所谓的"绝假纯真，最初一念之本心"的"赤子之心"；也不是理性思考了这种关注于对方是否必要的问题，而是感性感受对自己是否必须的问题：简言之，这种关心，不是对方需要，而是我们需要：假如我们心灵中有自发的仁慈，这种关心就几乎是本能的，不加以关心倒是很令我们难受的，这种感受迫使我们对对方施加关心甚至是多余而不必要的关心。

生活中，我们也发现：父母对子女，似乎总是啰嗦的，而子女总是厌烦啰嗦的——因为不必要。可是子女一旦成了父母，马上又开始对自己的子女啰嗦了。这种啰嗦，乃是出于一种极为殷切的关心与不放心，而不是出于理性分析——事实上，经过理性分析之后，我们会发现，这个世界上的很多关心与爱都是"不必要"或无用的。但是，这些从实用角度看来"不必要"的爱与关心，于人生，于世界，于你我，真的不必要吗？

这世界，太多的关心，于事不必要，于心不可缺。因为，"关心"一词，意思就是：它不是关乎对方，而是关乎我们自己的心。

这个盲人乐师，虽然看不见孔子的面容，但是听着孔子温和关切的提醒，他的内心，岂不感知到一种温暖！不必要的提醒里，包含着人生不可缺的温暖！

两千多年以后，我们读到这一段，孔子对盲人无微不至的关照，一一指点的爱护，那种场景也还是如在目前，那种圣人的慈祥，也还令我们感动不已！

在这种感动中，我们不仅感知到了世界的温暖，我们还不知不觉地改变了自己。

其实，当场，就有一个学生被感动了，那就是子张。

师冕走了以后,子张问:"这就是与乐师讲话的方式吗?"孔子说:"是的,这本就是帮助盲人乐师的方式。"

这就是"仁"在日常举止中的体现啊。

"仁"也就该体现在待人接物的日常举止中啊!

一己羽毛何足惜

鲁国国君鲁昭公做了一件违礼之事。据《左传·哀公十二年》记载，他娶了吴国国君的女儿。可是，吴鲁两国本是同族同姓：吴国是周文王的伯父太伯的后代，鲁国是周文王的儿子周公姬旦的后代，都是姬姓。按周礼规定，同姓不能通婚。

春秋时，国君夫人的称号，一般是用她出生的国名加上她的姓。照此，则鲁昭公的这位夫人，应称"吴姬"。但这个"姬"是张扬不得的。鲁昭公不敢公开称呼她为"吴姬"，于是就称呼她为"吴孟子"——"孟子"可能是她的字，试图把这一违礼之举遮掩过去。

但是，这样一件明明白白的事，能瞒过谁呢？大家只是不说破，给他留个面子罢了。

可是，总有一些人，出于各种各样的

目的或心理，要说破——不，要撕破他的脸皮。

《论语·述而》：

> 陈司败问："昭公知礼乎？"孔子曰："知礼。"孔子退，揖巫马期而进之，曰："吾闻君子不党，君子亦党乎？君取于吴为同姓，谓之吴孟子。君而知礼，孰不知礼？"巫马期以告。子曰："丘也幸，苟有过，人必知之。"

孔子周游到了陈国，此时鲁昭公已经去世。陈国司寇陈司败居心叵测地问孔子："贵国过世的鲁昭公懂不懂礼？"

孔子回答："知礼。"

其实，面对陈司败的询问，孔子岂能不知这一问中包含着一个陷阱？

孔子只要回答三个字："不知礼"，他就可以安然跃过这个陷阱。

但是，他坦然地自己走进了这个陷阱。

陈司败觉得自己真的陷住了孔子。孔子走后，他见到孔子学生巫马期，拱拱手说："我以为君子不会因为个人交情而违背他的公正，可是今天我却发现不是这样。鲁昭公娶了吴国女子，孔先生竟说他知礼。如果鲁昭公这样的都算知礼，还有谁不知礼？"

巫马期马上回来告诉了老师。孔子淡然一笑：我孔丘真是很幸运，只要有错，别人马上就能看出来。

孔子为何说鲁昭公知礼？我的理解是：

在对别国的官员谈到自己国家已故的国君时，须有出于维护祖国尊严的美化和维护；

在面对自己恩人（鲁昭公曾两次帮助过孔子）的缺点被人指责时，必有出于感恩的掩饰和保护；

在面对一个人无损于他人的缺点和失礼时，该有出于宽容的遮掩和爱护。

很多时候，不管不顾地说出事实，显示你的方正，并不难。

难在，作为一个有血有肉有爱有恨的人，这个世界有很多你需要管、需要顾、需要呵护、需要珍惜的东西。

面对艰难的世道和脆弱的人性，不惜牺牲自己的声誉，给他人以慈悲宽容，这才是大慈大悲的情怀！

再看看这位"吴孟子"的遭遇。

鲁昭公二十五年（公元前517）被"三桓"赶出国门，先奔齐，再逃晋，流亡在外八年后，于公元前510年死在晋国乾侯（今河北成安县，亦言河北魏县）。这八年，吴孟子留在鲁国，茕茕孑立顾影自怜。昭公死后，虽然贵为君夫人，但因为丈夫与"三桓"的生死之仇，她在鲁国的境遇其实是哀哀无告人命危浅。她孤苦伶仃青灯自照三十四年后，才于哀公十二年（公元前483年）去世。死后，当权的季康子（季孙肥）既不赴告诸侯，也不返哭祖庙，竟然不行丧君夫人之礼。只有当时回国不久的孔子，抱六十九岁衰病之身前去吊唁，算是给了这个可怜女人一丝安慰。

一己的羽毛，显示的是自己的皓皓之白，君子当然加意维护。

但是，当情境需要我们用自己的羽毛去覆盖和遮护他人血污斑斑的伤口时，一己的羽毛，又有什么不可以污秽！

有君不如无君

周武王灭商，建立周朝大约五百多年后，作为商族后裔的孔子，面对已经辉煌不再的周朝，这样倾心表达对灭掉他祖宗之国的周朝的认同："郁郁乎文哉，吾从周！"[1]

周朝是中国历史上最为伟大的朝代。周朝建朝之前，天下部落宗之，周朝建朝之后，天下诸侯共之；周朝既衰之时，天下文人从之，周朝既灭之后，历朝历代颂之。这样的成功，后来几乎没有一个朝代能超过它。

周朝的伟大，在于对社会的培育——它养育了一个民族的文明。

商朝，其实不是今天意义上的国家，它只是一个大的部落联盟，天下是由分布在广袤土地上的无数大大小小的部落——所谓

---

[1] 《论语·八佾》。

"天下万国"——组成的共同体,我们可以叫它"部落天下"。

周朝建立之初,即打破旧有的格局和体制,把从传说中的尧舜禹到夏、商以来一直延续的"部落天下"打碎重铸,建立"家天下",实行分封制。获封之人,除了少数襄助灭商的功臣、部落首领以及古代先王圣贤的后代,主要是武王、周公的自家血脉:《左传》昭公二十八年:"兄弟之国十有五人,姬姓之国者四十人。"《荀子·儒效》:"周公兼制天下,立七十一国,姬姓独居五十三人。"

以一家血脉涵盖天下,变"部落天下"为"家天下",周天子作为诸侯国国君权力的来源,成为"天下共主",这是中华文明史上的一次伟大革命,不仅彻底解决了部落战争问题,而且让国家权力中心得以确认,家国认同得以强化,诸侯国之间的互相认同自然实现,民族共同体逐渐显形。

"家天下"还奠定了中华民族大一统的理念、体制和规模,奠定了天下一家的传统价值观。

与"分封天下"几乎同时进行的,是"制礼作乐"。周公"制礼作乐"是周王朝最为伟大的政治工程。礼的本质是什么?是"自卑而尊人",周人知道了自卑,知道了在这个世界上并不是唯我独尊,知道了敬畏。相较于殷人,周人不仅尊天事鬼,还懂得了尊人事人,懂得了对具体的人的尊重和取悦。被尊重被取悦的人,是父母子女,是兄弟夫妻,是君臣朋友,以及由此延伸开去的一切人。即使有竞夺,也要"其争也君子"。

制礼作乐的目的是什么?是建立人类文明的生活。做事有规矩,有方圆,文明就出现了。

文明不是做事的结果,文明是做事的过程和手段;

文明不是社会运作的目标,文明是社会运作的方式。

礼乐,就是周人所遵循的社会生活的方式,而文明,就体现在这种方式里。

礼乐文化最后都积淀在被称为"六经"的著作里永垂后世,孔子是这样评价的——

> 孔子曰:"入其国,其教可知也。其为人也:温柔敦厚,《诗》教也;疏通知远,《书》教也;广博易良,《乐》教也;洁静精微,《易》教也;恭俭庄敬,《礼》教也;属辞比事,《春秋》教也……其为人也:温柔敦厚而不愚,则深于《诗》者矣;疏通知远而不诬,则深于《书》者矣;广博易良而不奢,则深于《乐》者矣;洁静精微而不贼,则深于《易》者矣;恭俭庄敬而不烦,则深于《礼》者矣;属辞比事而不乱,则深于《春秋》者矣。"[1]

如果说"分封诸侯"是确立天下的权力格局和框架,"制礼作乐"则是建立社会文明的运行方式。周王朝最伟大之处,不是打下江山,确立自己的统治,不是强化政府,而是培育社会,使社会有自我运行的能力。

一个社会,最终做到了其人民:为人温柔敦厚而不愚,疏通知远而不诬,广博易良而不奢,洁静精微而不贼,恭俭庄敬而不烦,属辞比事而不乱——这是何等民族气象!这是何等人类光荣!

---

[1] 《礼记·经解》。

《论语·八佾》：

> 子曰："夷狄之有君，不如诸夏之亡也。"

夷狄有君而无文明，诸夏无君而有礼乐。周朝衰落了，周王冷落了，但几百年来，周朝积淀的文明已经变成了民族血液，有此血液，即便无君，诸夏仍然有规矩方圆。

周朝，就是给一个民族千年规矩的朝代。

周朝的伟大，不是它把自己的政权弄得很强大，而是把社会弄得很强大，强大到可以没有君主而自行其道。

孔子感叹的，就是：文明胜过政府，社会文明比政府职能更重要，一个有良知的政府，应该致力于培育健全的社会，而不是强化政府权力。一个强权的政府，不但不能领导社会，恰恰是社会百病丛生的根源。

遗憾的是，明清以来，法家思想借尸还魂，从朱元璋开始，就一直在努力建设强势、全能的政府，让政府的权力渗透到社会的每一个角落，让巨量的体制挤榨社会的所有空间，让冷酷的行政霸占所有的自然和社会资源，结果是：权力膨胀，社会萎缩，政治腐败，文明凋亡，道德沦丧，人民堕落。

让我们记住周朝政治家伟大的政治良知，让我们回味孔子的深沉叹息和谆谆训示。

灵公两问

卫灵公是一个有意思的人。他看起来颇颟顸，其实很精明，孔子对他的评价也很矛盾，他曾经对季康子说卫灵公"无道"，但当季康子疑惑无道之君何以不失位时，孔子说他很会用人，手下有仲叔圉接待宾客办理外交，祝鮀主管祭祀，王孙贾统率军队[1]。

卫国本来就是一个多君子的国家，《左传·襄公二十九年》载，卫献公三十三年，吴王子季札入卫，评价卫国是："卫多君子，未有患也。"当时卫国有蘧瑗、史狗、史鰌、公子荆、公叔发、公子朝等等。十二年后，卫灵公即位，看《论语》和《左传》，我们还知道卫国此时还有蘧伯玉、宁武子等等，真是一时人才之盛。因为他会用人，孔子又

---

[1] 《论语·宪问》。

对鲁哀公说卫灵公是当时最贤明的国君[1]——估计孔子这样说，也有借卫灵公敲打鲁哀公的意思在，鲁哀公手下的人物，在历史上拿得出手的，就寥寥了，连对孔子，他都是"生不能用"的[2]。

确实，整体而言，卫灵公是一个不错的国君。传说他出生时，托梦于人说："我，康叔也。"被人认为是康叔的化身，他在位四十二年，是春秋时代执政最久的卫国国君。并且，在位期间，国家看起来基础还不错——至少人口繁庶，这是孔子的观感：孔子离开鲁国，和弟子一进入卫国，就很惊奇："卫国人口众多啊！"冉有说："人口已经多了，下一步怎么做呢？"孔子说："让他们富裕起来。"冉有说："富了以后，又该再做什么呢？"孔子说："教育他们。"[3] 当然，细揣孔子的话，卫国的老百姓还比较穷，文明程度也还不高。而这，正是孔子希望大有作为的地方。

但那么善用人的卫灵公，却和鲁哀公一样，没能用孔子。

卫灵公对孔子，问过两个很有意思的问题，通过这两个问题，我们来看看为什么卫灵公没有用孔子。

第一问，见于《史记·孔子世家》：

> 卫灵公问孔子："居鲁得禄几何？"对曰："奉粟六万。"卫人亦致粟六万。

---

1 《孔子家语·贤君》。
2 《孔子世家》载子贡语。
3 《论语·子路》。

这一问，潜台词很明白：孔先生，别犯愁，鲁国亏待了你，卫国给你找补回来——在卫国，您老可以异地做官，官复原职。

这一问，显示出卫灵公的眼光。这老狐狸知道孔子是一流人物，六万粟的俸禄，还不足以酬偿他的价值，这是一个很划算的交易。但是，且慢——卫灵公对孔子还有第二问。

他日，灵公问兵陈。孔子曰："俎豆之事则尝闻之，军旅之事未之学也。"明日，与孔子语，见蜚雁，仰视之，色不在孔子。孔子遂行。

这一问，司马迁的记载应该来自《论语·卫灵公》：

卫灵公问陈于孔子。孔子对曰："俎豆之事，则尝闻之矣；军旅之事，未之学也。"明日遂行。

——司马迁加上了卫灵公仰视飞雁的细节，让历史场景栩栩如生。

原来，卫灵公搞"先军政策"，跟着齐景公，常年在外征战。所以，这一问，看似是讨教技术，其实是试探孔子的立场：你支持我的先军政策吗？也是暗示孔子：站在我这一边，六万斗的官俸就拿去。

但孔子毫不犹豫地对卫灵公的国策表示了反对，虽然按照孔子一贯的温良恭俭让，话说得很委婉含蓄，但意思的表达则毫无暧昧之处，卫灵公明白了：孔子不赞成他。

当然，孔子也在第二天明白了卫灵公：你一会儿看我，一会儿看雁。你看我时很远，看雁时很近。

孔子遂行。

《论语·微子》有这样的一则，可以解释孔子为什么做出这样的选择：

> 柳下惠为士师，三黜。人曰："子未可以去乎？"曰："直道而事人，焉往而不三黜？枉道而事人，何必去父母之邦？"

是的，在灵公的两问里，我们看到了温良恭俭让的孔子，在原则问题上的壁立千仞。

性命攸关的无形之力

《史记·儒林传》说到孔子死后，子夏居西河，田子方、段干木、吴起、禽滑釐之属，皆受业于子夏之伦，为王者师，然后，司马迁下一断语曰："是时独魏文侯好学。"

《史记·仲尼弟子列传》："孔子既没，子夏居西河教授，为魏文侯师。"

子夏的这些学生，魏文侯的这些助手，其实可以分为两类：

一类是智谋之士，如翟璜、李克、吴起。

一类是道德之师。他们是子夏、段干木、田子方。

智谋之士，那可是帮魏文侯做了很多大事的。比如翟璜推荐乐羊，攻灭了中山国；推荐西门豹，治理了邺城；推荐了吴起，收复了西河。

而道德之师呢？有意思的是，除了说说，

没见过他们什么具体的功业。

比如段干木,不愿做官,守道不仕。皇甫谧《高士传》记载,魏文侯想见他,已经到了他的门外了,他竟然翻墙而走,避文侯如避瘟疫。而魏文侯却在车上,对着他的房子凭轼致敬,人家爱屋及乌,他是爱人及屋。其仆问曰:"干木布衣也,居轼其庐,不已甚乎?"文侯曰:"段干木,贤者也。不移势利,怀君子之道,隐处穷巷,声驰千里。吾敢不轼乎?干木先乎德,寡人先乎势。干木富乎义,寡人富乎财。势不若德贵,财不若义高。"

魏文侯与田子方饮酒,旁边有乐队歌姬表演。魏文侯突然说:"钟鼓之声不够协调。左边的声音高了。"田子方冷笑。魏文侯问:"笑什么?"田子方说:"我听说,君主贤明则精于考察官员,君主不贤明则精于察听音乐。我看你对音乐听力这么好,我担心你在考察官吏上是聋子啊。"[1]

再看田子方与魏文侯的太子子击——也就是后来的魏武侯——之间的一次冲突。

子击被父亲派去驻守刚刚平定的中山国,在路上碰到了田子方的马车。子击让自己的马车靠边,请田子方的车子先过,自己甚至下车行礼。但田子方傲慢地过去了,并不还礼。子击觉得自己受到了极大的轻慢,拦住田子方的车,问:"是富贵的人可以傲慢待人,还是贫贱者可以傲慢待人?"子方哈哈一笑,说:"当然是贫贱者可以傲慢待人。诸侯傲慢待人就会失去其国,大夫傲慢待人就会失去其家。贫贱者么,行不合,言不用,去楚也行,去

---

[1] 《战国策·魏一》。

越也行,海阔天空任我行,离开这里,就如同脱下一双破鞋子一样!"¹

跟智谋之士出谋划策屡建奇勋相比,不少人会认为像段干木、田子方这样的人并无实在的功业,只有空洞的教训。但是,他们忘了,让魏文侯或子击这样的一国之君或储君知道自己并不是天下至尊,知道自己不是什么东西或知道自己所拥有的不是什么东西,甚至不过是一只破鞋子,知道有一种价值比自己更崇高,知道别人拥有的可能比自己的更重要,知道"势不若德贵,财不若义高"——知道这些,非常重要。

为什么?

看看历史——知道这些的,成了唐太宗;不知道这些的,成了秦始皇、秦二世。知道这些的,成了商汤王;不知道这些的,成了商纣王。知道这些的,成了周文王、周武王;不知道这些的,成了周厉王、周幽王……

对普通人也是如此:不知道这些的,官二代成了李启铭,富二代成了胡斌,一个在保定撞死了陈晓凤,一个在杭州撞死了谭卓。

我们是愿意做李启铭、胡斌,还是陈晓凤、谭卓?

如果不想杀人,也不想被人杀,还真要尊重和弘扬这些无形的价值,它们具有无形的力量——可以保护强势者的人性,可以保护弱势者的人命。

是的,文化与价值,是一个民族的性命,且与每一个人性命攸关。

---

1 《史记·魏世家》。

公正源自人心

《论语·为政》：

哀公问曰："何为则民服？"孔子对曰："举直错诸枉，则民服；举枉错诸直，则民不服。"

鲁哀公问孔子："怎样做才能使百姓服从？"孔子答道："举用正直的人，置于邪曲的人之上，百姓就会服从了；如果把邪曲的人，置于正直的人之上，百姓就会不服。"

显然，在孔子看来，人民并不是服从权势，而是服从真理，服从公平正义。把不公正和不符合正义的东西强加到他们头上，他们不会服从。权势的压服并不能改变天赋的良知，哪怕人们不得不暂时屈服，心中仍然向往光明。

同一章里，还记有鲁国执政大臣季康子的内容相似的问：

> 季康子问："使民敬，忠以劝，如之何？"子曰："临之以庄，则敬。孝慈，则忠。举善而教不能，则劝。"

估计这个季康子感觉到他在百姓中的威望不高，于是有此一问："要使百姓恭敬我，忠于我并勤勉努力，应该怎么办呢？"孔子说："你对百姓庄重，他们就会恭敬你；你孝敬老人，慈爱子女，他们就会忠于你；你举用好人，教育不好的人，他们自然会互相鼓励劝勉了。"

关系是对等的。作为统治者，你对人民庄重而不轻佻，人民才会敬重你。你用正当的政策，才会有正当的回报。你希望人民正直而不邪媚，善良而不邪恶，坚持真理而不屈从权势，人民才会对你正直、忠诚、勤勉、上进、公正。

可是，法家不这么看。如果鲁哀公拿这个问题问韩非，韩非的回答一定是：你有权势，有国家机器，不怕人民不服从。

我的根据来自《韩非子·五蠹》，里面有这样一段话：

> 民者固服于势，寡能怀于义。仲尼，天下圣人也，修行明道以游海内，海内说其仁，美其义，而为服役者七十人，盖贵仁者寡，能义者难也。故以天下之大，而为服役者七十人，而仁义者一人。鲁哀公，下主也，南面君国，境内之民莫敢不臣。民者固服于势，势诚易以服人，故仲尼反为臣，而哀公顾为君。仲尼非怀其义，服其势也。故以义则仲尼不服于哀公，乘势

则哀公臣仲尼。

韩非的主旨，就是要说明，治理天下，靠仁义不行，权势才行。我挺佩服他的直面现实的学术勇气，但是，他这段话确实太下流了。一个人，崇拜权势，可能是他自己的事，但他把权势崇拜理论的基础建立在普通人民的人性之上，宣扬什么"民者固服于势，寡能怀于义"，则作为民之一分子，我首先就不服他对我本性的鉴定。我们每个人都可能有这样的经验：我们可能不得不在一些特定或特殊的情境之下屈服，但这并不表明我们心甘情愿，更不会让我们感恩戴德。屈服往往是在两害相权取其轻的情况下的选择，如同让我们在断一指或断一臂之间选择，我们选择断一指，难道是我们心甘情愿的吗？甚至还要对它给予我们这样选择的权力感恩戴德？其实，法家的政治诀窍，就是在服从之外再加一个更加严厉的选项，以使人民选择屈服。屈服者，屈辱之服也。

以一个下等君主君临天下，而"境内之民莫敢不臣"，这本来就是不正当的社会和政治，韩非对此不是批判控诉而是津津乐道，这已经显示出法家政治良知的薄弱，而把天下太平建立在人民的"不敢"上，从境界上讲，就已经比儒家低了一层，在古代，它除了建立表面上的所谓"太平盛世"外，人民不可能幸福——因为幸福不可能在人的自主选择之外，幸福更不可能与屈辱薰莸同器。在今天，这样的理论，不仅在法理上不能通行，在人民那里更不可能被放行——公正，源自人心；人心，天然向慕公正。而人心，是最后的决定胜负的力量。

不服从的权力

孔子晚年,在鲁国做"国老",为鲁哀公提供国策咨询。有一次,鲁哀公问孔子:"怎样做才能使百姓服从?"孔子答:"举用正直的人,置于邪曲的人之上,百姓就服从;如果把邪曲人置于正直人之上,百姓就不服从。"[1]

为什么这样?因为正直的人在上,合乎公平正义;邪恶的人在上,违背公平正义。所以,政治要符合公平正义,政府要维护公平正义。否则,人民就不服从。

这里,孔子不仅仅是在指点鲁哀公如何做到让人民服从,最重要的是,孔子赋予了人民不服从的权力:他其实是在告诫鲁哀公:只要统治者不公正,人民就可以不服从。

---

[1] 《论语·为政》。

这是公元前五世纪的事了。

一千三百多年后，19世纪中叶，美国作家亨利·戴维·梭罗（Henry David Thoreau，1817—1862）发表了著名的《论公民的不服从》，宣称：一个公民如果认为法律是不公正的，就有义务拒绝服从。不服从，不仅是公民的权力，甚至是公民的义务。这一理论，后来在世界各国的非暴力抗议运动中都有使用，甘地领导的印度社会福利运动和独立运动、马丁·路德·金领导的非裔美国人民权运动，纳尔逊·罗利赫拉赫拉·曼德拉（Nelson Rolihlahla Mandela）领导的非国大的"蔑视不公正法令运动"，以及世界范围内的各种和平运动等等。

人民有不服从的权力——对于一个政权来说，是不可或缺的政治理性；对于一个国家的政治建构来说，是不可或缺的制度理性；对于执政者来说，则是不可或缺的谦卑和良知。

其实，在此之前很多年，孔子回答鲁定公的一个问题时，就已经暗示了臣民不服从的合理性。《论语·八佾》：

> 定公问："君使臣，臣事君，如之何？"孔子对曰："君使臣以礼，臣事君以忠。"

首先说明一下，"以忠事君"，不是"忠君"，两者在语法意义上是截然不同的。"以忠事君"是指以忠于职守的行为、方式和态度来侍奉国君，与直接的忠于君主本人不同。而"君使臣以礼"，是"臣事君以忠"的前提，其潜藏的逻辑是：如果君不能"使臣以礼"，则臣可以不事君，至少可以不"以忠事君"。

我们看看《孟子·滕文公下》的一则记载：

孟子曰："昔齐景公田，招虞人以旌，不至，将杀之。志士不忘在沟壑，勇士不忘丧其元。孔子奚取焉？取非其招不往也。"

齐景公打猎，用旌旗召唤虞人（猎场管理员），虞人不来，齐景公发怒要杀他。为什么这个虞人不应招呢？因为古代君王打猎时若有所召唤，要用特定的东西召唤特定身份的人，旌旗是召唤大夫的，弓是召唤士的，皮冠才是召唤虞人的。这个虞人因为齐景公不按礼的规定召唤他，他就坚持不应招，甚至为此不怕弃尸山沟，不怕掉脑袋。对于这种坚持规则的不服从，孔子很欣赏。

这个故事很好地诠释了"君使臣以礼，臣事君以忠"的理念，也很好地体现了中国古代臣民"不服从"的权力。对这种权力的确认和保障，体现了西周立朝之初武王、周公等大政治家的政治良知，以及他们建立的礼乐制度的制度理性。

而《论语·子路》中的一则，则说明了人民"不服从权力"的理性所在：

定公问："一言而丧邦，有诸？"孔子对曰："言不可以若是其几也。人之言曰：'予无乐乎为君，唯其言而莫予违也。'如其善而莫之违也，不亦善乎？如不善而莫之违也，不几乎一言而丧邦乎？"

邦国之中，如果人民没有不服从的权力，结果就会"一言丧邦"，这可能是人类历史上最早论证"不服从权力"的必要性及其价值的言论。

君主的"一言"，竟至于可以丧邦，原因在于：当不允许别人违背自己的意愿或意见时，君主意愿或意见中的隐患就不可能被发现和被遏止，结果就是大家一起失陷。

电影《僵尸世界大战》（又译《末日之战》）里有一段对话，提到一个"第十人理论"：

"摩萨德的高级管理人员，理性、高效且乐观，但是你却因为在信号里读到了僵尸一词就开始大兴土木？

"这种消息我当然也会怀疑，在20世纪30年代，犹太人不相信他们会被关进集中营；1972年，人们也不愿意相信慕尼黑奥运大屠杀；1973年10月第四次中东战争爆发前的一个月，我们眼看着阿军的行动，但是没有人认为那是一种威胁，一个月后，阿军差点让我们溃不成军，所以我们决定做出改变。

"什么改变？

"第十人理论。如果我们九人读相同的信息，而得出同样的结论，第十人要做的就是提出异议，不管看上去有多不合理，第十个人得考虑另外九个人都错了的特例。"

电影最后，全世界都被僵尸攻陷了，只有信奉"第十人理论"的以色列因为提前做好了防备，建造了高墙，挡住了僵尸，成了地球上人类的最后一块生存之地。

当子路问如何侍奉君主的时候,孔子正色道:"勿欺也,而犯之。"[1] 对于无道的君主,敢于不服从,敢于冒犯,这样的人,才配得上"大臣"的称谓,否则,不过是聊备一员的"具臣"而已。"大臣者,以道事君,不可则止。"[2] 君臣义合,一个士与君主的缘分,看道义。道义消失的地方,缘分自然终止。

孟子表现得比孔子更加激烈,他警告齐宣王:

> 君之视臣如手足,则臣视君如腹心;君之视臣如犬马,则臣视君如国人;君之视臣如土芥,则臣视君如寇仇。[3]

还有荀子,《子道》:

> 入孝出弟,人之小行也;上顺下笃,人之中行也;从道不从君,从义不从父,人之大行也。

从孔子到孟子到荀子,先秦的儒家三大家,一致坚持并鼓吹"不服从的权力"。这是一个学派的良知,也是一个民族的生机。

---

[1] 《论语·宪问》。
[2] 《论语·先进》。
[3] 《孟子·离娄下》。

形式的价值

《论语·雍也》：

子曰："觚不觚，觚哉？觚哉？"

孔子说："觚不像觚的样子，这是觚吗？这是觚吗？"

"觚"，是一种古代酒具，容量为古制二升（或说三升），量不大，以戒人贪酒。大概孔子时，他见到的觚与古制的样式已有不同，孔子可能由此联想到礼坏乐崩，甚至可能还想到了"君不君，臣不臣，父不父，子不子"，旧制不再，旧礼崩溃。面对传统道德受到的亵渎，孔子有太多的不满和感慨，这一次，他对着一只不像样子的觚，潸然泪下，而心头无名之火，又油然而起。

一般人会想：一个酒器嘛，换个样子，

值得这么生气吗?

其实,孔子生气的,不是不同的样子——他生气的是,样子不同了,原先样子里面承载的价值也就没有了。

下面的这个事更能说明这个问题。

《论语·八佾》:

> 子贡欲去告朔之饩羊。子曰:"赐也!尔爱其羊,我爱其礼。"

按照周代的传统制度,诸侯要在每月初一(朔)来到祖庙,杀一只活羊举行祭礼,表示每月"听政"的开始,这就叫"告朔"。

可是,到孔子这个礼坏乐崩的时代,鲁国国君已不亲自去祖庙举行"告朔"之礼了。子贡此时大概在鲁国从政,负责此类事务,他觉得既然一切只剩下了一个有名无实的空洞的形式,那还不如再简单些,何必每月还费一只羊?又麻烦,又浪费。于是,他提议干脆不再杀羊。但孔子坚持:"赐呀!你舍不得那只羊,我舍不得那个礼。"在孔子看来,不管鲁君来不来祭祀,每月还要杀一只羊,这个形式不能废。

因为,只要每月还杀一只羊,每月还有这个祭祀形式,对于疏于礼制的鲁君来说,就是一种有形的压力!

很多时候,保留一个形式,哪怕它是空壳,对人也还是一种约束,一种提醒,一种召唤或者一种压力,也还存在一种象征的意义,它提示我们一种文化、政治与道德上的价值。这种价值我们甚至可以漠视,但不能遗忘,更不能否定,不能让它们退出我们的日常公共生活。只要它不退出,就表明我们还在坚持!只要我们还在坚持,就表明天不灭斯文!

价值,就在我们的坚持之中。有了价值,我们就有一种道义上的支撑,以及,反抗的理由,批判的依据。

所以,形式是极其重要的,绝不是可有可无的。

其实,孔子是一直重视形式的。《论语·八佾》:

> 祭如在,祭神如神在。子曰:"吾不与祭,如不祭。"

祭如在,应是"祭鬼如鬼在"的省略。鬼为先祖,神为神灵,二者同为祭祀对象。孔子祭祀祖先时,好像真有祖先在受祭;祭神灵时,好像真有神灵在受祭。为什么呢?他说:"我若不真心诚意地去祭祀,就如同没有祭祀一样。"

细揣孔子的话,似乎可以判定:孔子并不真的认为鬼神事实存在,他只把它们作为一种价值存在。

而祭鬼祭神的形式,正是这种价值的载体。

孔子非常虔诚地投入这样的祭祀,用心,用真诚。有意思的是,其实他知道,鬼神未必有,有的,就是这样一个祭祀鬼神的形式。

为什么要有这个形式?因为我们需要这样的价值。

对形式的尊敬,乃是出于对价值的尊敬。

对形式的呵护,乃是出于对价值的呵护。

对形式的认真遵守,就是对价值的认真遵守。

亲亲互隐，还是父子相告

《论语·子路》：

> 叶公语孔子曰："吾党有直躬者，其父攘羊而子证之。"孔子曰："吾党之直者异于是：父为子隐，子为父隐，直在其中矣。"

楚国在春秋时期是一个被北方"文化歧视"的国家，因此，楚国北方重镇负函的主政者叶公，带着明显的文化自卑，向来自北方，代表着北方文化最高境界的孔子炫耀自己的政绩以及楚国的文明程度。但是，他万万没有想到，他所沾沾自喜的"文明"却被孔子毫不留情地揶揄了一番，在孔子看来，他所夸示的父子相告的所谓"文明"，其实非常野蛮。

这是一个聚讼纷纭的问题，直到今天，法律界还在为此争论。甚至有一些法学专家批评孔子，说他的观点影响司法公正，甚至导致司法腐败。武汉大学郭齐勇先生为此还主编了《儒家伦理争鸣集——以"亲亲互隐"为中心》，搜集了当代的中国学者对这个问题的是是非非。

2011年8月24日十一届全国人大常委会第二十二次会议首次审议的《刑事诉讼法修正案（草案）》中，在增加证人强制出庭作证条文的同时，有一条说明：配偶、父母、子女除外。这是中国传统的"亲亲互隐"思想在法律上的重新体现。

虽然"亲亲互隐"会导致腐败这样的观点没有事实证据，实行互隐制度的国家和地区（世界各国法律有相关的"互隐"条例的，至少有意大利、法国、韩国、日本等），并不能被证实其腐败程度超过无此规定的国家和地区。但是，鉴于中国现实社会对于腐败的痛恨，很多人还是反对这条非常人性也非常理性的法律规定。为此，我们来做一个比较细碎的分析。

父亲偷羊，儿子知情，儿子有两种选择：

一、儿子告发，法官据此判决，羊回到了原主人那里，公正得以维护。但是，父子之间的天伦亲情受到了损害。

二、儿子沉默，偷羊之事不能被揭发，羊的主人受到了损失，公正受到了损害。但是父子的天伦亲情得到了维护。

两种选择，各有利弊。那么，且让我们"两害相权取其轻，两利相权取其重"。

假如儿子不作证，对社会、法律损害不大甚至没有损害。理由如下：

一、法庭可以通过其他渠道获取证据，一样可以判决。

二、即使由于证据不足，不能破案和判决，一只羊失窃，也不是严重的案件，社会危害不大。

三、一两次案件由于证据不足而不能得到公正判决，并不会损害法律的权威，也不会影响法律的公正。

严格地说，法律不是（也不能）惩罚所有的犯罪，而是（也只能）惩罚那些证据确凿的犯罪。这话反过来说是这样的：法律不能惩罚那些没有正当合法证据的犯罪。这样理解和运行法律，不但不会降低法律的威严，恰恰维护了法律的严肃性。

相反，假如儿子作证，对父子亲情则损害很大。理由如下：

一、鼓励甚至强迫儿子出来指证父亲，就必然严重损害这对父子的亲情，这种伤害远远超过一只羊的损失。

二、更糟糕的是这种案例的示范作用：连父子都可以互相告发，会让人们痛苦地接受这样的事实：父子之间，也不可相信。这就彻底颠覆了人伦，让人生活在社会如同生活在丛林，人心会因此冷酷。

三、相对于一两个具体案件是否能够公正处理，父子天伦亲情是人类更原始、更基本的价值，这种价值一旦被破坏，社会的基本细胞都要被破坏。

而一两件案件的错判或有罪而侥幸脱逃并不能对法律的整体尊严产生威胁，更不会颠覆人们对于道德和社会的基本信心。

所以，我的结论：孔子是对的，叶公是错的。

孔孟之别：正己与正人

黄仁宇《孔孟》言："在儒家的传统中，孔孟总是形影相随，既有大成至圣，则有亚圣。既有《论语》，则有《孟子》。孔曰'成仁'，孟曰'取义'，他们的宗旨也始终相配合。"

果然。

孟子自己怎么说呢？孟子曰："予未得为孔子徒也，予私淑诸人也。"[1] 言下为自己没能从辇孔子颇为遗憾。又曰："乃所愿，则学孔子也。"[2] 向慕之情溢于言表。又自称曰："圣人之徒。"[3]

司马迁《史记·孟子荀卿列传》一言以蔽之，谓孟子："序《诗》《书》，述仲

---

[1] 《孟子·离娄下》。
[2] 《孟子·公孙丑上》。
[3] 《孟子·滕文公下》。

尼之意。"

"但是"——黄仁宇先生接着说："我们仔细比较他们，却也发现很多不同的地方。最明显的，《论语》中所叙述的孔子，有一种轻松愉快的感觉，不如孟子凡事紧张。"

说得好，一个"紧张"，孟子呼之欲出。

比如，孟子比较霸道，就是他紧张的表现之一。

孟子身处战国，诸侯放恣，霸道横行，于是他极力反对霸道而倡行王道。可是，他这个反霸道的人，在思想、文化方面，恰恰非常霸道，比如他骂杨朱、墨翟："杨氏为我，是无君也；墨氏兼爱，是无父也。无父无君，是禽兽也。"所以，他给自己定下的历史使命是："我亦欲正人心，息邪说，距诐行，放淫辞。"[1]"正人心"或"正人"从此成为儒家的一个基本文化使命甚至政治理论的核心，如董仲舒《举贤良对策》："为人君者，正心以正朝廷，正朝廷以正百官，正百官以正万民，正万民以正四方。"一口气那么多"正"字，一"正"贯注，一"正"到底，正是孟子思想声口。

但是，有意思的是，揆诸《论语》，孔子却似乎没有这个"正人"的思想，他只有"正己"的思想：

《学而》：

> 子曰："君子食无求饱，居无求安，敏于事而慎于言，就有道而正焉，可谓好学也已。"

---

[1] 《孟子·滕文公下》。

《颜渊》：

　　季康子问政于孔子。孔子对曰："政者，正也。子帅以正，孰敢不正？"

《子路》：

　　子曰："其身正，不令而行；其身不正，虽令不从。"

《子路》：

　　子曰："苟正其身矣，于从政乎何有？不能正其身，如正人何？"

这都是"正己"的。即使"政者正也"的执政者，也是通过"正己"以形成正面形象，今人所谓的正能量，以影响他人。尤其是，上引最后一则，孔子对"正人"者或"正人"的想法，有明显的不屑。

再看《孔子家语》中记载的孔夫子的话：

《大婚解》：

　　夫政者，正也。君为正，则百姓从而正矣。君之所为，百姓之所从。君不为正，百姓何所从乎！

《致思》：

> 武王正其身以正其国，正其国以正天下

《王言解》：

> 凡上者，民之表也，表正则何物不正。是故人君先立仁于己，然后大夫忠而士信，民敦俗璞，男悫而女贞。

还是从"正己""正身"入手，而自然形成"正民""正国""正天下"之成果，后来《庄子·天下篇》提炼的"内圣外王"中，孔子是对内用功，对外，他最多有一个"正名"的念头[1]，还因此被大弟子子路当面嘲笑为迂腐。这也难怪要"正人"的孟子被司马迁讽刺为"迂远而阔于事情"了。[2]

为什么孔孟有这么大区别？

盖孔子不仅有公共生活，还有私人生活。在公共生活中，孔子也有疾言厉色之时，有是可忍孰不可忍之叹，但是，在私人生活领域，他则申申如也夭夭如也，一派温敦气象，无可无不可，无适无莫。

而通读全部《孟子》，我们几乎看不到孟子的私人生活，他只在公共领域中缠斗不休，不死不休，苦大仇深却又其乐无穷。是

---

1 《论语·子路》。

2 《史记·孟子荀卿列传》。

孟子自己为了公义全副身心聚精会神奋斗,压缩以至消灭了他的私人生活,还是历史记载的缺失,让我们看不到全身披挂武装到牙齿之外的孟子的休闲装?

孔孟之别：自谦与自大

孟子总是说自己要做圣人之徒，"闲（捍卫）先圣之道"，其实，孟夫子毕竟是孟夫子，豪杰之士，他不会像颜回那样对孔子亦步亦趋，而往往师心自用，率意而行，负气而动。

比如，孟子对待国君的态度，就远远不是孔子那样的恭敬。孔子，即使面对的是窝囊的昭公、憋屈的定公、可怜的哀公，他都以礼相待，自言"事君尽礼，人以为谄也"[1]，不惜背负谄媚的恶名。在他国，比如面对胡来而自负的齐景公、糊涂而自矜的卫灵公，孔子虽然颇不以他们为然，却也尽量不伤他们的面子。对齐景公的不君，他只是含蓄地讽之以"君君"[2]，对卫灵公的先

---

1 《论语·八佾》。
2 《论语·颜渊》。

军政策战阵之问,他更是以自己"未之学也"[1]来敷衍与暗讽。

即使对一般的贵族,孔子虽然对他们的学问道德可能并无敬意,但是,仍然不妨碍他对他们身份上的尊敬。"畏大人"是他所说的"君子三畏"之一,竟然紧跟在"畏天命"之后而列在"畏圣人之言"之前,并明确表示只有小人才会"狎大人"[2]。

但孟子偏偏就是"狎大人"的。他放言:"说大人,则藐之,勿视其巍巍然。"[3]你当然可以说孟子说的"大人"不是孔子说的"大人",但是,你又能找出两者之间什么本质的不同来为孟子开脱?孟子说的这些让他瞧不起的"大人"是住高楼大厦,吃山珍海味,般乐饮酒,驱骋田猎,这样的生活方式,"皆我所不为也",孔子时代的"大人"岂不也是如此?

孟子接着说:"在我者,皆古之制也,吾何畏彼哉?"我拥有的,是文化,是道德,我凭什么要敬畏他们?——我们简直可以把这句话看成是孟子对孔子"畏大人"的直接反驳。

《论语·乡党》说孔子:"君命召,不俟驾行矣。"我们来看看孟子对于君的命召,是什么态度。

一天早晨,孟子穿戴整齐正打算去朝见齐王,齐王派人来传话说:"我本来应该去看望你,但是感冒了不能受风寒。不知您今天能否上朝,让我见到你?"按说孟子本来就要去,但孟子却回答说:"对不起,我也感冒了。"不去了。

---

1 《论语·卫灵公》。
2 《论语·季氏》。
3 《孟子·尽心下》。

第二天，孟子要外出到齐国大夫东郭氏家里吊丧。学生公孙丑说："昨天，您以有病为由不朝，今天却去吊丧，恐怕不太好吧？"孟子眼睛一瞪说："昨天有病，今天好了，不可以吗？"去了。

他刚走，齐王派来问候病情的使者带着医生来了。孟家老二只好应付来人说："昨天俺哥有病，不能到朝廷去。今天病有好转，已经去朝堂了，我不知道这会儿到了没有？"同时悄悄打发人分头到路上去拦截孟子，让他不要回家，赶快到朝堂去。孟子还是不去，他去了齐国大夫景丑家里。

景丑埋怨孟子不尊敬齐王，孟子为自己辩护，说不过孟子的景丑最后搬出了周礼：

礼曰："'父召，无诺；君命召，不俟驾。'固将朝也，闻王命而遂不果，宜与夫礼若不相似然。"

孟子如何回答？孟子说："那只是一种说法罢了！你知道曾子说过吗？彼以其富，我以吾仁；彼以其爵，我以吾义，吾何慊哉？——凭什么要我去见他？！"[1]

孔子畏大人，孟子藐大人。谁对？

孔子体现的是一个人对于他人的谦卑，孟子张扬的是道义对于权势的优越。

孔子在做自己，孟子已化身为道义。

---

1 《孟子·公孙丑下》。

为何诗要言志

《论语·先进》篇最后一则"子路、曾皙、冉有、公西华侍坐",记述了孔子和他几个弟子的一次"群聊"。

孔子先开口:"不要因为我比你们年长一些,就拘束而不敢畅所欲言。你们平时总是说:'人家不了解我啊!'假如有人赏识你们,你们以什么成绩来证明自己呢?"

子路率尔抢答说:"一个拥有一千辆兵车的国家,夹在大国之间,受到别国军队的侵犯,又遇上凶年饥荒,我去治理,等到三年,可以使人民勇敢,而且知道遵守礼义。"

孔子对他报以不易察觉的哂笑。

看到曾皙在鼓瑟,孔子没有打断他,他开始问冉求:"冉求,你如何呢?"

其实冉求早已察觉到老师对子路师兄的那一丝哂笑,他也知道子路之所以被老师哂笑是因为过分自信自负以至于自大。于是,他谨慎地回答说:"一个方圆六七十里,或者就五六十里吧——的地方,让我去治理,等到三年,可以使人民富足。至于礼乐教化么,那要等待君子去实行了。"

孔子转过头,又问公西华:"你如何呢?"

年轻的公西华恭恭敬敬地回答说:"我还不敢说我能够做到什么,但我愿意学着去做。在宗庙祭祀的时候,或者诸侯会盟时,我穿上礼服,戴上礼帽,希望能做一个小傧相司仪。"

最后,孔子看了一眼还在鼓瑟的曾晳,问道:"曾点,你如何呢?"

曾晳不慌不忙地慢慢鼓完余曲,瑟声稀疏,然后,"铿"的一声放下瑟,站起身来,回答说:"我的志向和他们三位不同。"

孔子说:"那又有什么妨碍呢?也就是各人谈谈自己的志向罢了!"

在子路、冉求、公西华各自说完自己的志向和才能后,没想到,曾晳竟然说出这样一段话:

(曾点)曰:"莫春者,春服既成,冠者五六人,童子六七人,浴乎沂,风乎舞雩,咏而归。"

既无"政绩",也无"志向",但是,这是多么优美的生活啊!
这是《论语》中最有诗情画意的一段文字。有人把这几句意译如下:

> 二月过，三月三，
> 穿上新缝的大布衫。
> 大的大，小的小，
> 一同到南河洗个澡。
> 洗罢澡，乘晚凉，
> 回来唱个"山坡羊"。

这个翻译堪称神译，译者显然也是被两千年前的浪漫感动得"稀里哗啦"。其实这次谈话一开始相当沉重。对于孔子抛出的问题："居则曰：'不吾知也！'如或知尔，则何以哉？"子路率尔而对，冉求、公西华谨慎而答，他们都在表达自己的政治志向和才能，回答孔子问话里的"则何以哉"，但是，他们疏忽了，孔子隐藏深深的真苦痛乃是"不吾知也！"——让我们痛苦的，不是我们自己没有志向与才能，而是我们徒拥志向、才能却只能看着世界沉沦，这混乱的世界根本不需要我们的志向与才能！

好在，还有曾皙。曾皙一开始就洞察了老师内心的真苦痛，他疏落淡远的琴瑟之声其实已经在抚慰夫子心中的隐痛，他的"异乎三子者之撰"，更是完全不同于子路、冉求、公西华的思路，扭转了这次谈话的方向：政治话语一变而为人生话语，社会拯救一变而为人生逍遥，现实重负一变而为诗意栖居——

于是，夫子喟然叹曰：吾与点也！

如果说子路等三人的语言是应用文，曾皙的语言就是诗歌。同样是谈"志"，子路三人的"志"在物境里，曾皙的"志"在意境中。物镜中的"志"不免累于物，受制于物，而常有掣肘之困；

而意境中的"志"才可以"物物而不物于物",周行而不殆,行到水穷处,坐看云起时!

我们知道,"诗言志"是我们传统诗学的核心理论之一。《尚书·尧典》说"诗言志",《左传·襄公二十七年》说"诗以言志",《庄子·天下》说"诗以道志",《荀子·儒效》篇云:"诗言是其志也。"

——问题是:我们为什么一定要用"诗"来言我们的"志"呢?

我的回答是:这是为了让我们的"志"有些弹性,尤其是在面对现实坚壁时,能转个弯,不至于撞墙。

当"志"中有了"诗"时,"志"就由质实变得空灵,由坚硬变得柔软,由单向变得多元。这不是"志"的改变,而是"志"的回旋与柔韧——有此回旋与柔韧,方可以皎皎不污,峣峣不折,方可以"大而化之"[1]!

我们知道,物之"弹性"是物的记忆:物的弹性越强,说明它的记忆力越强,受压变形后回到原状的意志力越强。

人的志向亦然:弹性大的志向,才能"久要不忘"[2]!

而让我们的"志"具有弹性的东西,非诗歌莫属,非我们心中的诗意莫属。

---

1 《孟子·尽心下》。
2 《论语·宪问》。

何为温故知新

《论语·为政》：

> 子曰："温故而知新，可以为师矣。"

这是一句常常被人引用的名言。可是，它的内涵却未必像一般人理解的那样简单。

首先，关于"师"之理解。

一般都把这里的"师"理解为"老师"。因为孔子为史上第一位老师，而他所说，应用于老师，亦颇合适，所以这样理解，当然可以，朱熹、钱穆、杨伯峻都这样理解。朱熹《论语集注》：

> 言学能时习旧闻，而每有新得，则所学在我，而其应不穷，故可以为人师。若夫记问之学，则无得于心，而

所知有限，故《学记》讥其不足以为人师，正与此意互相发也。

钱穆先生《论语新解》译：

能从温习旧知中开悟出新知，乃可作为人师了。

杨伯峻先生《论语译注》译：

孔子说：在温习旧知识时，能有新体会、新发现，就可以做老师了。

但是，作为一种职业，"师"在孔子之时，做老师的解释其实不普遍，普遍的倒是三公中的"太师"、主事制曲奏乐的"乐师"和执掌禁令刑狱的"士师"。三公之太师显然不是谁想当不想当的问题，乐师一般也由盲人担任，则孔子此处所说，为"士师"的可能性极大——孔子学生中，就有做士师的，比如高柴。从司法角度言，"温故而知新"，当指能熟知过往判例，并在此基础之上判决新案。《左传·昭公六年》记郑国铸刑鼎，叔向给子产去信责备："昔先王议事以制，不为刑辟。"说明当时在法律上实行的，正是"判例法"。

其次，是对于"故"与"新"的理解。这是更重要的并必须予以辨析的。

一般之理解，"故"为"旧知识"，"新"为"新知识"。朱熹《论语集注》：

> 故者,旧所闻。新者,今所得。言学能时习旧闻,而每有新得,则所学在我,而其应不穷,故可以为人师。

钱穆《论语新解》:

> 故字有两解。一曰:旧所闻昔所知为故,今所得新所悟为新。一曰:故如故事典故。《六经》皆述古昔,称先王。知新谓通其大义,以斟酌后世之制作,如汉代诸儒之所为。

依此二位的解释,"故"的理解,一般指已发生之事实,包括已有之结论或主张,已为社会所认可之价值观,故"故"解释为旧知识问题不大;而"新",无论是从朱熹的"每有新得,则所学在我,而其应不穷",还是从钱穆的"知新谓通其大义",解释为"新知识"都问题多多。

何为"知识"?一言以蔽之,知识是"对于事实的认知",知识包含两个元素,一为"事实",是知识的对象;一为"已知",是知识的时态。则所有的知识,都是已经被认知到的"事实"的符号化,"知识"一旦产生,就是"过去完成时"的"故",日常人们所说的"新知识""旧知识"云云,只是就某个具体的人了解记诵这些知识的时间先后而言,而非针对知识本身而言。比如,"孔子是春秋时期人"这句话,就是知识,因为它包含了"事实"和人们对这个事实的"认知"。这个知识,或对于这个事实的认知,在孔子时代即已"完成",生活在二十一世纪的一位幼童,他可能今天才获知这个"事实",对他而言,当然是"新近获知",

但这个知识却并不是"新知识"。

一言以蔽之,所有的"知识",都是"故","新知识"这个概念,只有在"新近获知"这个意义上才能成立,在"新的知识"这个意义上,是不成立的。

而孔子心目中的老师,当然不是那些以探究自然或人类历史未知奥秘为职业的人,而是那些能够判断价值的人,所以,他的"知新",不会是指一个老师每天从事于认知事实的工作,而是恰恰相反,他心目中的老师,包括他本人,每天所做的,是探究和传播"道义"。"道义"不属于"事实"的范畴,而是属于"价值"的范畴。所以,我的理解,孔子这里的"温故而知新",是指一个人建立在先王圣贤价值观(所谓"旧")基础上对新问题新现象能做出正确的价值判断。

其实,有价值判断力,能对世间人、物做价值判断,是教育的根本使命之一。

当然,此处的新,还可以理解为《大学》中"苟日新,日日新,又日新"和"新民"、《诗经·大雅·文王》"周虽旧邦,其命维新"等典籍中的新,在"温故"——温习先王道义——之过程中,一人人格之新,一国国格之新,一族命运之新。

师者之爱恨

《论语》中，孔子表扬最多的，是颜回。批评颜回的，只有一次。不，半次：

> 子曰："回也非助我者也，于吾言无所不说。"[1]

可能是由于对老师的过分崇拜和虔诚，也可能是由于天性的恭顺，颜回从来不违背孔子，从来不对孔子的意见有质疑和反诘，甚至连进一步的提问都不大有，于是孔子批评颜回不能对自己有所助益。为什么我说这是半次批评呢？因为，事实上，从人性的角度言，作为一个老师，在课堂上侃侃而谈的时候，又有多少人愿意学生此时站出来反诘，

---

[1] 《论语·先进》。

断你的思路,扫你的谈兴,煞你的风景呢?"非助我者也"算是批评,"于吾言无所不说",至少不能算是批评——如果不能看成是表扬的话。

我们看《论语·为政》:

> 子曰:"吾与回言终日,不违如愚。退而省其私,亦足以发。回也不愚。"

孔子说:"我整天和颜回讲学,他总是很恭顺地听,从不违逆我,好像很愚笨。可是,回去以后,他私下里认真思考,也足以有所发挥。颜回啊,他并不愚笨呢。"

呵呵!怎么样?是表扬吧!

但是,对另外一个人,仲由(字子路或季路)同学,孔子就是不遗余力地予以打击,李贽《四书评》说孔子对子路"每下毒手"。那么,孔子对子路难道没有表扬过吗?当然也有,但是,与对颜回同学的正相反——是半句表扬:

> 子曰:"道不行,乘桴浮于海。从我者,其由与?"子路闻之喜。子曰:"由也好勇过我,无所取材。"[1]

"道不行"云云,是在表扬子路对道的坚定和对老师的忠诚。子路本来就最易沾沾自喜,尤其是得了老师一言两语的表扬,更

---

[1] 《论语·公冶长》。

是兴奋得晕三倒四。此刻,面对老师突然颁发给他的这么一块金光闪闪的大奖章,而且独一份,别人都没有,他一下子高兴得都不知道自己是谁了。

可是,奖章在手里还没焐热,就被收回去了——当他高兴得如同在云端漫步时,孔子随手就给了他一闷棍——"无所取材",他跌落尘埃。

孔子表扬子路,还有一回。不,还是半回:

> 子曰:"衣敝缊袍,与衣狐貉者立,而不耻者,其由也与?不忮不求,何用不臧?"子路终身诵之。子曰:"是道也,何足以臧?"[1]

孔子先是借《诗经》中的两句诗夸子路:不忮不求,何用不臧?——既不嫉妒又不贪,他凭这点就会好。

受到老师的夸奖,子路马上又得意起来了:他逢人就念叨那两句古诗,像在给自己做广告,又好像这两句诗成了他的Logo。

孔子当然不允许他如此得意,马上又来收拾他——既不嫉妒又不贪,光凭这点哪会好?

你能想象子路同学此时的表情吗?

再看半句表扬的——只是次序颠倒了一下,先骂后表扬:

> 子曰:"由之瑟,奚为于丘之门!"门人不敬子路。子曰:

---

[1] 《论语·子罕》。

"由也升堂矣，未入于室也。"[1]

大概是子路的瑟声透露着刚猛而不够中和吧？就遭到孔子的这般奚落："仲由的那种瑟声，为什么在我家里弹呢？"

弟子们见夫子对子路师兄百般打击，一百个不满意，一千个不顺眼，一万个不耐烦，就估摸着这位大师兄虽然年齿长、年级高、资历老，学问估计不怎么样，就都表现出轻视的意思来了。这时，孔子才意识到问题的严重，便又为之鼓吹说："仲由啊，在学习上已经达到'升堂'的程度了，只是还没做到'入室'。"

从入门，到升堂，再到入室，孔子用此来比喻在学习上由浅入深的三个阶段：从入门初步掌握；到有相当高的水平；再到精微深奥的高妙境地。孔子的意思是：仲由已达到第二阶段，很了不起了，他的学问已经很高明了，我批评他，只是希望他能更进一步，臻于最高境界。

孔子毕竟爱护子路。

闵子侍侧，訚訚如也；子路，行行如也；冉有、子贡，侃侃如也。子乐。"若由也，不得其死然。"[2]

闵子骞立在孔子身边，正直而恭顺的气质；子路，刚强而直率的气质；冉有、子贡，温和而快乐的气质。孔子看着他们，粲

---

1 《论语·先进》。
2 《论语·先进》。

然一乐。但又忧心忡忡地说:"仲由啊,总是雄赳赳的,恐怕不得好死啊。"

孔子的担心后来竟成了事实,他真的不幸而言中:子路后来果然在卫国的蒯聩之乱里,因刚直不挠不知回避而被杀死。

与孔子大约同时的老子说:"强梁者不得其死。"孔子对子路"每下毒手",实际上是爱惜他,希望他有所改变,摧刚为柔,"既明且哲,以保其身"啊![1]

师者之爱,有时表现为恨——恨铁不成钢。

当然,孔子对子路的爱,也表现为恨,是——恨钢不能柔。

---

1 《诗经·大雅·烝民》。

孔子如何教历史

《论语》中,孔子两次说到自己"好古"。《孟子·万章下》:"以友天下之善士为未足,又尚论古之人,"原来"好古"乃是因为现实人物之"未足"而在心理上产生的强烈的依赖古人的倾向。按照孟子的解释,越是德性超迈之人,这种未足感越强烈,依赖心理越沉重。与后来德人叔本华所说的人性越完美,个性越孤独痛苦也是同一个发现。

"好古",必然就会喜欢"论古",《论语》中孔子论古之处极多,而《论语·泰伯》中,接连四则,记孔子评价古代圣王尧舜禹,孔子衷心地赞美、欣赏他们、崇敬他们。让我感兴趣的是,孔子评价他们的方式——与我们今天讲究"规范化标准化"的"学报体"完全不同,孔子在评价这些古人时,一点也不"客观",一点也不"理性",更一点也不"冷静",而是那么感性,那么主观,那么热情洋溢!

你看他称赞舜禹:

子曰:"巍巍乎!舜禹之有天下也,而不与焉。"

开口即是崇高呀!给人强烈的情绪冲击。

再看他如何赞叹传说中的尧:

大哉!尧之为君也!

开口即一声叹息:伟大呀!这个尧怎么伟大呢?下面完全是感慨的句子:

巍巍乎!唯天为大,唯尧则之。荡荡乎!民无能名焉。
巍巍乎!其有成功也。焕乎!其有文章。

"巍巍乎",多么崇高呀!"荡荡乎",多么广大呀!"焕乎",多么文采斑斓呀!全是感慨的句子——"巍巍乎"说了两次,几乎急不择言了。

孔子这是在跟谁说话呢?在跟他的学生。

此刻,孔子是一位历史老师。他在跟学生们讲历史的时候,充满个性的情绪和人性的温暖,或者说,他是把历史在自己的怀里焐热了,再拿出来。孔子为什么这样?孔子是性情的,有激情的。他对历史有大爱,对历史人物有感情。论古,必须"好古",必须自己先对"古"发生了感情。

而我们今天的中学或大学的历史教科书、历史学者们的历史学论文,则是:越冷冰冰越好,越显得合乎学术规范,越显得他们客观公允。把孔子的教学和我们现在中学大学的历史课堂比较,我们就会发现两者有区别:我们往往是所谓的什么重点、难点,侧重的是所谓的知识点,冷静得冷酷,"理性"得无人性,"科学"得无人味。

孔子不是这样。他感慨万端,他的情不能已的感慨,在深深地打动和感染学生,从而让学生首先从感情上热爱上了历史,热爱上了历史上的这些伟大人物,而不仅仅作为知识去背下来、记下来,然后去应付考试。所以,在孔子的历史课上学出来的人,对历史是有感情的,会对历史产生热爱之情,会热爱和尊敬本民族的历史和历史上的人物。这应该是历史学最重要的价值,也是一位历史老师最重要的使命。

再看看孔子怎么讲大禹。弟子问孔子:大禹是一个什么样的人?您能不能跟我们谈一谈?如果现在我们这样去问我们历史老师,我们的老师会老老实实地、有板有眼地告诉我们教材上对大禹的评价,大禹的历史功绩等等,一二三四、甲乙丙丁,但是,孔子是怎么讲的呢?《论语·泰伯》:

禹,吾无间然矣。菲饮食,而致孝乎鬼神;恶衣服,而致美乎黻冕;卑宫室,而尽力乎沟洫。禹,吾无间然矣。

哦!大禹啊,我对他真的是没有什么可以挑剔的了。他自己饮食菲薄却尽心孝敬鬼神；自己衣服恶劣，却讲究祭服之美；自己宫室卑陋，却尽力修治沟洫水道。大禹啊！我对他真的是没有什么可以挑剔的了！

"禹，吾无间然矣"，前后间隔重复，传达出一种强烈的主观情绪。是的，孔子不怕被人批评为"不客观不科学不规范"，他只在乎表达自己的感受——他讲历史，就是讲自己对历史的感受。

历史的价值真的不是一两个结论，历史的意义真的不是一些历史知识。历史的价值和意义在于：我们能不能找到它当代的价值，我们能不能从中找到对我们情怀的感动，能不能从中找到对于我们精神气质的熏陶和引领。

所以，跟孔子学历史，我们会爱上历史；跟孔子去了解古代人物，我们会爱上或恨上这些人物。历史不再是一个古板的、与己无关的存在，它介入我们的感情，而我们的感情也介入历史——历史，就这样融进了我们的生命，而我们的生命，也由此成了有历史感的生命。

何为大学

孔子做老师，虽然自称"诲人不倦"，其实他并非有问必答，也并非百问不厌，比如他就公开宣布："不愤不启，不悱不发。举一隅不以三隅反，则不复也。"[1]"不愤不启，不悱不发"，学习没有主动性的，不教，还好说；"举一隅不以三隅反"，那可能是智商问题，不教，就有点歧视了。要知道，能举一反三，不是一般的智商，连子贡这样的人，也才能"闻一以知二"呢！[2]

所以，孔老师是有脾气的老师，绝不像我们今天的老师，天天陪着学生做题目，用一个原理或公式来套做无数个古怪百出的题目，这样弱智的教育，教育孩子如同训练

1　《论语·述而》。
2　《论语·公冶长》。

狗熊猴子形成条件反射，孔老师是理解不了也耐受不了的。只有今天的老师，被这样弱智的教学方式搞得一点脾气也没有了，才可以称得上是做题千遍也不厌倦的"诲人不倦"，不过这样的"诲人不倦"，有时真像人们所说的那样，是——毁人不倦。

我们曾讨论过孔子的"子不语怪力乱神"问题，那是《论语》中明确记载的。（参见本书第183页）其实，除了这些明确记载的"子不语"，还有一个更大的、更值得我们思考的"子不语"，隐藏在《论语》的背后。

我们知道，《论语》的最早编写者，是孔子的学生，《论语》的内容，也主要是孔门师生的问答。所以，读《论语》，就可以知道孔门师生平时讨论一些什么样的问题，就可以知道孔子平时教学生一些什么东西。但是，孔子没说什么？不说什么？也许是一个更有价值的问题。

孔子没教（或不教）学生什么呢？

在《论语》中，我们看到了孔门师徒讨论仁，讨论礼，讨论孝，讨论事君事父，讨论兄弟之道，讨论修身之途，讨论进德之阶，还有朋友之义、学习之法等等，但是，我们就是看不到学生问孔子知识问题，看不到孔子教学生专业技术！

我这样说，也有些绝对。《论语》中还真有一个学生问了孔子一个技术问题，但是，孔子不仅拒绝回答这样的问题，还痛骂这个学生为小人。这就是《论语·子路》篇中有名的樊迟学稼：

  樊迟请学稼。子曰："吾不如老农。"请学为圃。曰："吾不如老圃。"樊迟出。子曰："小人哉，樊须也！上好礼，则民莫敢不敬；上好义，则民莫敢不服；上好信，则民莫敢不用情。夫如是，则四方之民襁负其子而至矣，焉用稼？"

孔子在痛骂樊迟为小人，拒绝回答他的为稼、为圃的知识、技术问题之后，马上揭出三个概念：礼、义、信。礼义信是什么？不是知识，更不是技术，而是——价值！

其实，人之一生，有三种需求，也因此有三种境界：谋生、谋智与谋道。谋生为养活自我，谋智为认知世界，谋道为认同价值。与之相应的学习或教育，则分别对应为技术（专业）、知识和价值。谋生、谋智固是为人之所必须，而无价值约束之谋生，无价值操守之谋智，其灾难性后果，今日之中国人，当感受更为亲切而痛切。今日中国社会之最大危险，乃是全社会严重缺乏价值判断力；今日中国教育之最大失误，乃是专注于技术、专业和知识，而忽略了价值认同与价值判断力的养成！

其实，樊迟曾经问过孔子不少问题，有一次他甚至一口气问了孔子三个问题："敢问崇德，修慝，辨惑。"请教老师如何提高品德、消除邪念、辨清迷惑，孔子夸他"善哉问！"[1]认为这才是善于学习者真正要关心的问题。

林放问礼之本，孔子也夸林放："大哉问！"[2]林放不问有关礼的具体内容，不问一定场合下具体的礼节、礼数和礼仪这些知识性问题，而是问"礼之本"——礼之背后的价值问题，孔子以

---

[1] 《论语·颜渊》。
[2] 《论语·八佾》。

为这才是有关"大"的学问,这才是"大人"要关心的大问题。

"大学"者,学大也!大人之学也!

教育,至少要以教出好人为第一目标。

做人,至少要以做个好人为最低标准。

以一胜多

《列子·汤问》有一则故事：

> 孔子东游，见两小儿辩斗，问其故。一儿曰："我以日始出时去人近，而日中时远也。"一儿以日初出远，而日中时近也。一儿曰："日初出大如车盖，及日中则如盘盂，此不为远者小而近者大乎？"一儿曰："日初出沧沧凉凉，及其日中如探汤，此不为近者热而远者凉乎？"孔子不能决也。两小儿笑曰："孰为汝多知乎？"

这故事真好。比司马迁《孔子世家》和王肃《孔子家语》中那些记述孔子无所不知的故事好得多。那些故事，有些固然属于孔子的专业范围之内，宜乎孔子知道，可以回答得出，有些则显然属于怪力乱神，不但超越孔子的"专业"，也为孔子所不齿——比如所谓季桓子掘井得坟羊，吴王拆城得骨节专车，都是这一类。司马迁、王肃之所以津津乐道这些，大约是以为这样就能说明孔子之圣。孔子当时，被很多人目为圣人，也确实是因为孔子比一般人博学得多，但也不至于多到如同今日网络之谷歌、百度，什么人碰到什么不明白的东西，都可以找他来问，而他都能回答得出来，给人满意甚至让人惊叹的答复。

大概是激于人们对孔子"多知"的神化，不大信服孔子的道家派著作《列御寇》就编排了上面的故事来揭露真相——真相是：孔子并不能回答所有的问题，连两个黄口小儿的问题都可能让他张口结舌。这个故事的最后一句暴露出编造故事者的动机：两小儿笑曰："孰为汝多知乎？"

孰为汝多知？那些崇拜孔子神化孔子的人呗。

但是，列御寇先生（假设这位作者就是列御寇）却遵循了被他嘲笑、批判的人一样的逻辑思路：那些崇拜神化孔子的人以为，只要证明孔子"多知"，就可以证明他是圣人；列御寇先生的逻辑则是：只要证明孔子并非"多知"，就可以证明他并非圣人。两者相同之处在于：圣不圣，就看多知不多知。

其实，这两派人物是在一个低层次上缠斗，而圣人早已超越他们而去。

事实上，孔子自己早就对这个问题做出了说明——也许他预见到将来会有人在这样的层次上纠缠，所以，他主动挑破这个问题，《论语·卫灵公》：

子曰:"赐也,女以予为多学而识之者与?"对曰:"然。非与?"曰:"非也,予一以贯之。"

孔子说:"端木赐呀,你以为我是学了很多而又一一记住的吗?"端木赐回答说:"是呀。不是这样吗?"孔子说:"不是。我有一个贯通的基本思想观念。"

"多学而识之"的是什么?就是知识啊。孔子显然担心他的弟子们以为他只是博学多识——后来更多的人这么以为——于是,他主动谈起这个问题,以提醒人们:有一个一以贯之的系统的思想与原则,比拥有无数鸡零狗碎的"知识"重要得多。

孔子和端木赐子贡的此则对话,关键词是两个:"多"和"一"。"多",是指知识;"一",是指思想方法或价值观。一个正确的价值观或思想方法,胜过无数的琐碎的知识。

孔子比我们高明,不是他知识比我们多,而是他判断力比我们强。

一个人的境界,不取决于他知识的面有多大,而是取决于他认知的能力有多强;不取决于他知识的宽度,而是取决于他精神的高度和深度。

警惕知识

庄子曾经警告过世人："吾生也有涯，而知也无涯。以有涯随无涯，殆已！已而为知者，殆而已矣！"[1]

庄子有意思，他知道人类有求知欲，所以，他并不想与此作对，他只是给我们展示人类的求知欲必须面对的难以逾越的障碍，这个障碍是一个悬殊巨大的对比：人寿的短暂和知识的无限。

何为知识？知识是对事实的认知。按照维特根斯坦《逻辑哲学论》的说法，世界是事实的总和，那么，我们该知道，知识所面对的"事实"是何等之巨。事实上，根本不需要整个世界，就在此刻，当下，你身处的环境，斗室之小，所包含的知识就是无限的，

---

[1] 《庄子·养生主》。

甚至随便拿起一块砖,一根树枝,一把泥土,里面所牵涉的知识就是无限的,所谓一沙一世界,一花一天国,一树一菩提,一尘一光年,更何况,恒河沙数,亦是无限?!世界中的事实,原来就是无限的乘方,底数和指数都是无限!

但知识之可怕,还不仅仅在于它的"无限",还在于它的"无用",而无用的知识往往"无聊"。知识一旦不成体系,就会鸡零狗碎。鸡零狗碎的知识对人而言,除了作为谈资以供炫耀,基本无用,还会让拥有它的人也鸡零狗碎起来。荀子说有些知识"不知无害为君子,知之无损为小人"[1],这是何等清澈的理性。鲁迅笔下的孔乙己,沾沾自喜于"回字有四样写法",今天很多学者的学问就是孔乙己式的学问,最多是个升级版。鸡零狗碎的孔乙己最后只能偷鸡摸狗,被人打折了腿,折了腿满手是泥的孔乙己是无聊知识的形象活写真,也是无聊知识的必然下场。

我见过报纸杂志电视台等等举办的各类"知识竞赛",基本上属于"无聊知识竞赛",比如什么某首歌出自哪张音乐专辑,哪个朝代的宦官可以娶妻等等。无聊的知识会让人无聊,琐碎的知识会让人委琐。

所以,庄子警告说:"道隐于小成。"[2]而孔子的学生子夏则说:"虽小道,必有可观者焉。致远恐泥,是以君子不为也。"[3]嗨!先贤就是先贤,他们真的明察秋毫,去就弃取之间,去鸡零狗碎的"学

---

1 《荀子·儒效》。
2 《庄子·齐物论》。
3 《论语·子张》。

者"何啻千里万里。

当有人赞叹孔子"夫子圣者与？何其多能也"时，孔子表现出来的，不是自豪，反而是有些自卑："吾少也贱，故多能鄙事。君子多乎哉，不多也。"[1]孔子显然不以多能为贵，他显然认为一些专业知识和才能是只要学习就会拥有的，长期浸淫一个专业，就自然会成为专家，所以，"专家"并不难得也并不珍贵。君子不器，就是君子并非仅仅是一个专业人士，或者反过来说，仅仅专业人士，不足以称之为君子。君子之道，在于修身养性，在于仁义道德，在于具备价值上的判断力，而不是对于事实的认知。

所以，他告诫子路："知之为知之，不知为不知，是知也。"[2]这话一般人都理解为"对待知识，知道的就说知道，不知道的就说不知道"，我一直怀疑孔子这段话何以如此肤浅，其实，孔子的真正意思是：对于"知识"，要分清哪些是我们必须知道的，哪些是我们不必知道的。必须知道的，就一定要知道（为知之），不必知道的，就丢在一边（为不知）！

尼采自问：我为什么这么聪明？然后自答：因为我从来不在不必要的事情上浪费我的精力。孔子为什么成为圣人？我来回答：因为他知道哪些是必要的知识，哪些是无用无聊的知识！

---

[1] 《论语·子罕》。
[2] 《论语·为政》。

人生即天命

《论语》里,孔子两次直接谈到"天命",并且把它和君子的基本修养结合在一起。

《尧曰》:

> 孔子曰:"不知命,无以为君子也;不知礼,无以立也;不知言,无以知人也。"

《季氏》:

> 子曰:"君子有三畏:畏天命,畏大人,畏圣人之言。小人不知天命而不畏也,狎大人,侮圣人之言

曾经有一种观点,认为天命是不存在的,是迷信。其实,孔子所说的天命,第一,它

客观存在；第二，它不但不是迷信，还是正信。

孔子的"天命"，到底有什么内涵，我们不能确切地知道。但是，大致应当包括客观和主观两个方面：

客观方面是指，天命包括人与自然的关系，人与社会的关系，人与人的关系等等。这些都是先我们而存在，或我们无法改变，不以我们的主观意志而改变的。

比如，我们生在地球上，生在中国，这就是天命。我们生而为人，这也是天命。

我们生在这样的家庭里，有这样的父母、兄弟、姐妹，这也是天命。

这一切，都是我们必须认知和认同的，必须无条件接受的。

接受了这些之后，我们还得对这些命定的一切尽相应的责任，这就是天命的主观方面。

主观方面是指，天命包括人的道德责任、为人的准则、人的出处穷通等丰富的含义。

也就是说，能认识到人是有道德使命的，即，人不仅是一个道德的存在，从而区别于一般动物；而且，人还负有建设道德世界的责任。

所以，按照孔子的理解，他的"知天命"的"知"，不仅是指"知晓""认知"，更是"履行"，是"知行"的合一。

具体地讲，就是以下三点：

第一点，我们必须认知天命。

认识到天命确实存在。人总是在一定的条件下生存，在一定的背景下寄托，在一定的凭借中发展。而且，生而为人，必须有所承担,这样的承担,无从推卸,因为是我们与生俱来的天命。

第二点,我们必须敬畏天命。

敬畏这些命定的先天的一切,而不是嫌弃这些。这是敬畏心。

那么,敬畏天命,会不会导致我们随波逐流、得过且过、听之任之、无所作为呢?不会。因为天命本身包含了我们主观上的努力,尤其是包含了我们必须承担的道德责任。

第三点,我们必须履行天命。

知天命即是知"使命"。在认识到并敬畏这既定的人生依托的前提下,也能认识到人作为万物之长,也是天命力量的一部分,天意表现在个体身上,就是个体的历史使命,知天命、知天意、知天道,也就是知道自己的历史使命,即历史使命感。从而顺应既定的条件、背景和凭借,乘势而为,百折不挠向着命定的方向前行,完成自己的历史使命。所以,敬畏天命可以使我们拥有一个更加积极和义无反顾的人生。

知天命不仅使我们有敬畏心,还赋予我们进取心。

认知天命,是仁;

敬畏天命,是礼;

履行天命,是义。

孟子说:"居天下之广居,立天下之正位,行天下之大道。得志,与民由之,不得志,独行其道。"[1]

这就是天命!

---

[1] 《孟子·滕文公下》。

向死而生

孔子不谈死,似乎已经成为学界定论,《论语·先进》:

> 季路问事鬼神。子曰:"未能事人,焉能事鬼?"敢问死。曰:"未知生,焉知死?"

其实,这一则记录的,只是孔子回避和子路谈死。此则之前,接连好几节都是记录颜回的死。颜回死了,已六十二岁的子路,也忽然有了迟暮之感,于是问死。孔子回避子路这个问题,实际上是对子路的安慰。

事实上,孔子并不回避谈论死亡,《论语》中"死"字出现三十七次之多,可以证明孔子及其弟子日常谈话,定是张口闭口,"死"不离口。《论语·先进》:

子畏于匡，颜渊后。子曰："吾以女为死矣。"曰："子在，回何敢死？"

途中猝然犯难，师徒相失，甫一脱险，惊魂初定，便直言对方"为死"，毫不忌讳。"为死"，就是"赴死"，在急难之时，为了某种义务，竭力之后，尽之以命，是士的选择，所以，孔子会猜测颜回"为死"并直言相告。

孔子说："志士仁人，无求生以害仁，有杀身以成仁。"[1] "杀身"就是"为死"。很多时候，不杀身不足以成人（成仁），或若苟生必将妨碍成人成仁之时，死亡就是我们的追求，就是我们的福报，就是我们必须抓住的机会。可见，在孔子看来，死亡不是人生被动的无可奈何不可回避的凄凉结局，在很多时候，倒是成就人生的一道必要工序，是人生的最后辉煌，最后玉成。直言之，"死"是可以"为"的，可以安排的，可以计划的，可以纳入成就人生的规划的。

显然，孔子把死亡当成了人生可资利用的积极要素，一旦死得其所，"死"就成为"生"的完成，"成人"的标志。所以"为死"，就是"为生"，就是成就生。

但另一方面，孔子还认为，生，是为了死，人生，就是学会死，人生，就是为了那最后体面尊严的死。生得伟大，是为了死得光荣。他回答子路的"未知生，焉知死"，其内涵是：若我们有一个努力的生，死就不是问题；死不是问题，生才是问题。《论语·里仁》：

---

[1] 《论语·卫灵公》。

子曰:"朝闻道,夕死可矣。"

若生得圆满,何必牵挂死的问题?若生而闻道知道行道,则死之圆满已然具足。自然之死既然不可避免,那就不是一个值得讨论的问题,关于自然之"死"的唯一有价值的问题是:我们为了那不可躲避的一刻准备了什么?或者说,当那离开的一刻到来时,我们是否已经收拾好行装,而没有在此生丢三落四?《论语·泰伯》:

曾子有疾,召门弟子曰:"启予足!启予手!诗云'战战兢兢,如临深渊,如履薄冰。'而今而后,吾知免夫!小子!"

一生小心,就为了最后时刻的坦荡离去,一生拘谨,就为了最后的释然而逝。《论语·季氏》:

"齐景公有马千驷,死之日,民无德而称焉。伯夷叔齐饿于首阳之下,民到于今称之。"

一生的努力,就为了死之日能有德而称。《论语·卫灵公》:

子曰:"君子疾没世而名不称焉。"

这是真正的"向死而生"——把圆满的死亡设置为目标,向着这样的目标去生,生便有了方向。

庄子叹问："孰知死生存亡之一体者。"[1]其实孔子早就知道生死之相辅相成圆融一体。只是孔子并不像庄子那样因此而趋向于虚无，恰恰相反，他是因此而更坚定人生价值的实有。《论语·泰伯》：

> 曾子曰："士不可以不弘毅，任重而道远。仁以为己任，不亦重乎？死而后已，不亦远乎？"

死亡意识并没有使曾子感叹人生的虚无，而是体会人生的短暂和促迫，从而以时不我待的急迫感承担人生的责任，这是以孔子为代表的先秦儒者面对死亡的态度，更是他们面对人生的气概。

1　《庄子·大宗师》。

孔子为什么不算卦

近几年，在民间场合，《周易》盛行，我见过很多给企业家开设的诸如"总裁国学班"之类，其中最红火的"国学"就是《周易》，而讲《周易》的人和听《周易》的人，特别感兴趣的，又往往是算卦。

有人问我：鲍老师研究《周易》吗？

我答：暂时没有。孔子五十而学《易》，我还没有到五十，我岂能超越孔子？其实，读《周易》，没有丰富的人生阅历，还真是读不懂，悟不到，只能隔靴搔痒，胶柱鼓瑟。

又问：孔子算卦吗？

答：不。（非常肯定）

又问：可是我们老师说孔子算卦，还非常神。

答：假的。（非常肯定）

《史记·孔子世家》说：孔子"晚而喜

《易》……读《易》，韦编三绝（编竹简的熟牛皮皮条断了多次）"。《论语·述而》孔子说自己："五十以学易"。孔子还作《易传》十篇，称为"十翼"。但是，孔子算不算卦？我的回答：他一定算过，作为探索，也作为好奇，但是，他一定不信，因为不信，后来也就不算了。而且，这不信，还不是出于事实判断，而是价值判断；不是不认知，而是不认同。

古代的文献，记到孔子算卦的，如《孔子家语·好生》有"孔子常（当作"尝"）自筮其卦，得贲焉，愀然有不平之状"，就应该属于孔子偶一为之作为好奇或探索的了。《孔子家语·七十二弟子解》还载：

梁鳣，齐人，字叔鱼。少孔子三十九岁。年三十未有子，欲出其妻。商瞿谓曰："子未也，昔吾年三十八无子，吾母为吾更取室。夫子使吾之齐，母欲请留吾，夫子曰：'无忧也，瞿过四十，当有五丈夫。'今果然，吾恐子自晚生耳，未必妻之过。"从之，二年而有子。

——但并未说孔子预言商瞿四十过后会有五个儿子乃是卜筮所得。《史记·仲尼弟子列传》记商瞿相同的故事，也并未说孔子是卜筮所知。

然《史记·仲尼弟子列传》正义：

鲁人商瞿使向齐国，瞿年四十，今后使行远路，畏虑，恐绝无子。夫子正月与瞿母筮，告曰："后有五丈夫子。"

> 子贡曰:"何以知?"子曰:"卦遇大畜,艮之二世。九二甲寅木为世,六五景子水为应。世生外象生象来爻生互内象,艮别子,应有五子,一子短命。"

张守节正义上述所云,不知何据,当然不能算在司马迁的账上。

我为什么很肯定地说孔子不算卦呢?我并非说孔子从来没有算过卦,对古代"卜筮之书"做研究,从不占卜,倒是奇怪了。我说孔子不占卜,意思是:面对前途的吉凶、人物的品评、政治的判断和社会的趋势,孔子不会用占卜的方式来决定自己的取舍和立场。也就是说,在面对人生的抉择时,孔子不会用占卜来决定自己的方向。

《史记·孔子世家》:

> 孔子既不得用于卫,将西见赵简子。至于河而闻窦鸣犊、舜华之死也,临河而叹曰:"美哉水,洋洋乎!丘之不济此,命也夫!……窦鸣犊,舜华,晋国之贤大夫也。赵简子未得志之时,须此两人而后从政;及其已得志,杀之乃从政。丘闻之也,刳胎杀夭则麒麟不至郊,竭泽涸渔则蛟龙不合阴阳,覆巢毁卵则凤皇不翔。何则?君子讳伤其类也。夫鸟兽之於不义也尚知辟之,而况乎丘哉!"乃……反乎卫。

孔子去晋国,显然并未算卦,后来临河折返,也不是因为算卦,而是出于对新近发生的大事做出的合乎常识的判断。

《论语·为政》:

子曰:"视其所以,观其所由,察其所安。人焉廋哉?人焉廋哉?"

观察一个人,用的也不是算卦。

恰恰相反,《孔子家语·刑政》记载了孔子这样的话:"假于鬼神,时日卜筮,以疑众者,杀。"对那些算命打卦,疑神疑鬼以疑众蛊惑人心的人,孔子说:杀!

《易经·恒卦·九三爻辞》上有句话说:"不恒其德,或承之羞。"意思是,如果不能持之以恒地保持自己的德行,总要承受羞辱。孔子对此解释说:"不占而已矣。"[1] 没有恒心的人不用占卦,因为他总要倒霉。

孔子这里说的"不占",后来被荀子总结为"善为易者不占"[2] 善为《易》者,就是学走正道的人。《易》教给我们的,就是走正道,做正派人,如此,自然一切逢凶化吉,无须占卜。

种瓜得瓜,种豆得豆。一切祸福,自作自受。祸福无门,唯人自招,与占卜无关。孔子就是这个意思。

《论语·雍也》还有孔子的这句话:"人之生也直,罔之生也幸而免。"

人的生存依赖于正直;不正直的人生存,是侥幸避免了祸患。

正直而合乎正道,是生门;邪曲而走上邪道,是死门。

在生门中生,是常态;在死门中不死,是侥幸。

---

1 《论语·子路》。
2 《荀子·大略》。

《论语》不仅仅是好人的读物,其实,如此之类的话,监牢中的贪官污吏贼盗宵小读起来会更有体会。

人生的最高智慧,就是认知和认同正道。[1]

附:帛书《要》第三部分[2]

夫子老而好《易》,居则在席,行则在橐。子赣曰:"夫子它日教此弟子曰:'德行亡者,神灵之趋;智谋远者,卜筮之繁。'赐以此为然矣。以此言诹之,赐愘彳之为也。夫子何以老而好之乎?"

夫子曰:"君子言以矩方也。前逆而致者,弗逆而巧也。察其要者,不诡其辞。尚书多疏矣,《周易》未失也,且有古之遗言焉。予非安其用也,予乐〔其辞也。赐,予何〕尤于此乎!"

〔子赣曰〕:"如是,则君子已重过矣。赐闻诸夫子曰:'逊正而行义,则人不惑矣。'夫子今不安其用而乐其辞,则是用奇于人也,而可乎?"

子曰:"绞哉,赐!吾告汝:……夫《易》,刚者使知惧,柔者使知图,愚人为而不妄,渐人为而去诈。文王仁,不得其志以成其虑。纣乃无道,文王作。讳而避咎,然后《易》始兴也。予乐其知之。〔非文王〕之自〔作《易》〕,予何〔知其〕事纣乎!"

---

[1] 关于孔子对于占卦的态度,详见下面的附:帛书《要》第三部分。

[2] 关于帛书《要》正文的校释,各家细节处不同意见颇多,此据刘彬《帛书〈要〉篇校释》,北京:光明日报出版社,2009年9月第1版。

聖賢瑑像

聖廟祀典圖考卷二 長洲顧沅湘舟敬輯

【日本內閣文庫藏本・清道光六年吳門賜硯堂顧氏刊本】清代顧沅編，孔繼堯繪圖《聖廟祀典圖考》五卷。

少孔子三十歲，甫成童即從游於孔門。孔子曰：自吾有回而門人益親。

《圣庙祀典图考》局部，复圣颜子。颜回，字子渊。

顏子囬字子淵亦曰子泉兗公頌易淵爲泉避唐天寶元年張之宏
高祖嘗人邾國之後少孔子三十歲甫成童卽從
譯游於孔門孔子曰自吾有囬而門人益親子貢曰
夫能夙興夜寐諷詩崇禮行不貳過稱言不苟是
顏囬之行也若逢有德之君世受顯命不失厥名
以御於天子則王者之相也孔子遊農山子路
顏淵侍子曰各言爾志吾將擇焉子路言志子
曰勇哉子貢言志子曰辯哉顏淵曰囬願得明王
聖主輔之敷其五教導之以禮樂使民城郭不修

孔子　諱丘字仲尼出處事實詳聖蹟圖　周敬王四十二年魯哀公諒之曰尼父鄭康成訓因字之即舊宅立廟令世世以歲時祀孔子冢漢高帝十二年過魯以太牢祀孔子後世帝王祀孔子始此　東漢明帝永平二年命辟雍及郡縣學校皆祀孔子國學郡縣祀孔子始此　元年追謚褒成宣尼公謚實宣尼公始此　魏孝文帝太和十六年改謚文聖尼父北齋之制

周敬王四十二年魯哀公諒之曰尼父，即舊宅立廟，令世世以歲時祀孔子冢。

《聖廟祀典圖考》局部，至聖孔子。孔丘，字仲尼。

曾子　參字子輿白水碑陰作子輿魯南武城人鄫國之後少孔子四十六歲年十六聞孔子在楚會點命之楚受學焉子貢曰博無不學其貌恭其德敦其言于人也無所不信其驕大人也常以浩浩是以眉壽孔子曰夫孝德之始也弟德之序也信德之厚也忠德之正也參行夫四德者也家貧食力敝衣躬耕日不舉火而歌聲若出金石魯君聞之而致邑焉固辭不受曰吾聞受人施者常畏人與人者常驕人縱君有賜不我驕也吾豈能勿

少孔子四十六歲，年十六聞孔子在楚，曾點命之楚受學焉。
子貢曰：
博無不學，
其貌恭，
其德敦，
其言于人也無所不信，
其驕大人也常以浩浩，
是以眉壽。

《聖廟祀典圖考》局部，宗聖曾子。曾參，字子輿。

宋仁宗元豐六年封鄒國公，立廟鄒縣，七年配享孔廟，位次顏子。

《圣庙祀典图考》局部，亚圣孟子。孟轲，其字不详。

孟子軻出處事實詳孟子聖蹟圖　宋仁宗元豐六年封鄒國公立廟鄒縣七年配享孔廟位次顏子元至順元年封鄒國亞聖公明洪武五年帝覽孟子土芥寇讎謂非人臣所宜言詔罷配享有諫者以大不敬論刑部尚書錢唐抗疏入諫曰臣為孟子死死有餘榮帝鑒其誠懇不之罪踰年帝尋悟乃下詔曰孟子辨異端闢邪說以發明孔子

孔子嘗曰：自吾得由，惡言不入于耳。

《聖廟祀典圖考》局部，先賢仲子。仲由，字子路。

仲子　由字子路又字季路魯之卞人少孔子九歲初見孔子子曰何好對曰好長劍子曰以子之所能而加之以學問豈可及乎子路曰學豈有益也哉南山有竹不揉自直斬而用之達于犀革何學之有子曰括而羽之鏃而礪之其入之不亦深乎子路再拜曰敬受教孔子嘗曰自吾得由惡言不入于耳子貢曰其言循性其都以富材任治戒是仲由之行也仕爲蒲大夫三年夫子過之入其境曰善哉由也恭敬以信矣入其邑曰善哉由

有子　若字子若史記作子有曾人少孔子十三歲家語作三十六史記作四十三朱竹垞弟子攷作三十三為人強識好古道孔子沒門人思慕有若之言似孔子至欲以所事孔子事之曾子不可乃已唐開元二十七年從祀贈卞伯宋大中祥符二年封平陰侯明嘉靖九年改稱先賢有子國朝乾隆三年春三月尚書銜徐元夢請升有子

孔子沒。門人思慕，以有若之言似孔子，至欲以所事孔子事之，曾子不可，乃已。

《聖廟祀典圖考》局部，先賢有子。有若，字子若。

端木子　賜字子貢禮記作贛衛人少孔子三十一歲天資穎悟善爲說辭孔子曰自吾得賜遠方之士日至齊景公問仲尼其聖何如子貢對曰不知也賜終身戴天不知天之高也終身踐地不知地之厚也賜之事仲尼譬猶渴操壺杓就江海而飲之滿腹而去又安知江海之深乎子貢爲信陽宰辭于夫子夫子曰治官莫如平臨財莫若廉廉平之守不可攻也匿人之善斯爲蔽賢揚人之惡斯爲小人內不相訓而外相謗非親睦也故君子

《圣庙祀典图考》局部，先贤端木子。端木赐，字子贡。

天資穎悟，善為說辭。

孔子曰：自吾得賜，遠方之士日至。

子曰：
吾于予取其言之近類也，
于賜取其言之切事也。
近類則足以喻之，
切事則
足以懼之。

《聖廟祀典圖考》局部，先賢宰子。宰予，字子我。

宰子　予字子我魯人有口才嘗使于楚楚昭王
以安車象飾遺孔子宰我曰竊見夫子道行則樂
其治不行則樂其身方今道德寢息志欲興而行
之誠有欲治之君能行其道則夫子雖徒步以朝
固猶為之何為遠辱君之重貺乎他日歸以告孔
子子貢曰予之言行事之實未盡夫子之美也上

> 孔子曰：
> 自吾得師，
> 前有光後有輝。

《圣庙祀典图考》局部，先贤颛孙子。颛孙师，字子张。

颛孙子　師字子張陳人少孔子四十八歲孔子曰自吾得師前有光後有輝子貢曰美功不伐貴位不喜不侮不佚不傲無告是顓孫師之行也孔子曰其不伐則猶可能其不弊百姓則仁也子張病召申祥而語之曰君子曰終小人曰死吾今日其庶幾乎一統志葬徐州蕭縣南掘坊村申詳按史索引鄭康成弟子目謂陽城人漢書地理志陽城屬陳留郡陳地高呂氏春秋云子張魯之鄙家通志氏族略顓孫氏出陳公子顓孫左傳嘗顓

言子　偃字子游石經作旟檀弓注䟽別字叔氏
吳人少孔子四十五歲有文學仕魯為武城宰以
禮樂化民子貢曰先成其慮及事而用之故動則
不妄是言偃之行也孔子曰欲能則學欲知則問
欲善則訊欲給則裕當是而行偃也得之矣季康
子問子游曰昔子產卒鄭人丈夫舍玦珮婦人舍
朱纓巷哭三月箏瑟不作仲尼之卒魯人之...

《圣庙祀典图考》局部，先贤言子。言偃，字子游。

少孔子四十五歲。有文學。仕魯為武城宰，以禮樂化民。

以文學著名,
為人性不宏,
好論精微,
時人無以尚之。

以德行著名。
孔子為司寇,
以冉耕為中都宰。
有惡疾。

《圣庙祀典图考》局部，先贤卜子。卜商，字子夏。

《圣庙祀典图考》局部，先贤冉子。冉耕，字伯牛。

閔子　損字子騫魯人少孔子十五歲家語少孔子五十歲始見于夫子有菜色後有芻豢之色子貢問之閔子曰吾出藜藿之中入于夫子之門夫子內切磋以孝外爲之陳王法心竊樂之出見羽蓋龍旂裘旃相隨心又樂之二者相攻胸中而不能決是以有菜色今被夫子之文寖深又賴二三子切磋而進之內明于去就之義出見羽蓋龍旂裘旃相隨視如壇土矣是以有芻豢之色大夫不食汙君之祿及居喪三年畢見孔子與之琴

《聖廟祀典圖考》局部。先賢閔子，閔損，字子騫

始見于夫子，有菜色，後有芻豢之色。

冉子求字子有魯人亦伯牛之族少孔子二十九歲有才藝子貢子曰恭老郵幼不忘賓旅好學博藝省物而勤是冉求之行也孔子語之曰好學則知郵孤則惠恭則近禮勤則有繼堯舜語恭以王天下其稱之也曰宜為國老冉有為季氏宰齊師伐魯冉有用矛以帥眾遂入齊師獲甲首八十齊師宵遁既戰季孫問曰子之于軍旅性之乎學之乎對曰學之孔子遁既戰孔子時孔子在衛冉有言于季孫曰學之乎對曰聖人而不能用欲以求治猶卻行而求及前人也

《圣庙祀典图考》局部。先贤冉子。冉求，字子有。

為季氏宰。齊師伐魯，冉有用矛以帥眾遂入齊師，獲甲首八十。齊師宵遁。既戰，季孫問曰：子之于軍旅性之乎學之乎？對曰：學之孔子。

生于不肖之父。以德行著名。子贡曰：在贫如客，使其臣如借，不迁怒，不复怨，不录罪，是冉雍之行也。

《圣庙祀典图考》局部。先贤冉子。冉雍，字仲弓。

扫码听一曲《文王操》

琴家：朱晞，国家级非物质文化遗产古琴艺术（虞山琴派）代表性传承人。
司马迁《史记》载，孔子向师襄子学琴，十日不进新曲。直到有一天，孔子对师襄子说，他在这支曲子里，看见了身形长大而形容清癯、目光深邃而慈悲忧伤的周文王。这时，师襄子对孔子说：此曲正是《文王操》啊！《文王操》已失传，此为后人重新打谱。

子赣曰:"夫子亦信其筮乎?"

子曰:"吾百占而七十当。唯周梁山之占也,亦必从其多者而已矣。"

子曰:"《易》,我后其祝卜矣,我观其德义耳也。幽赞而达乎数,明数而达乎德,又仁〔守〕者而义行之耳。赞而不达于数,则其为之巫;数而不达于德,则其为之史。史巫之筮,向之而未也,好之而非也。后世之士疑丘者,或以《易》乎!吾求其德而已,吾与史巫同途而殊归者也。君子德行焉求福,故祭祀而寡也;仁义焉求吉,故卜筮而希也。祝巫卜筮其后乎!"

【释义】

孔子晚年好《易》,闲居时把《易》放在席子上,出行时则置之囊中。子贡说:"夫子以前教育弟子说:'无德行的人,祈求神灵的保佑,缺智谋的人,求助卜筮的启示。'我认为这是对的。我听信您的这句话,并且一直努力奉行它。老师您为什么到了晚年自己却喜好作为卜筮之书的《易》了呢?"

孔子说:"君子的言论是有根据并前后一致的。我此前喜好读《易》,好像违反了我以前对你们讲的话,而招致你的质疑。实际上,我现在的做法,并没有违背我此前的话,我这样做是对的。明察了《易》之要旨,就知道我没有违背前面的言辞。《尚书》简略,多有疏漏,《周易》精密,靡有缺失。其挂爻辞中包含着古人的遗教。我并非安于它的卜筮之用,我是真正喜欢它的卦爻辞啊。我有什么错呢?"

子贡说:"这样一来,君子就已经再次犯错了。我曾经听老师您说：'遵循平常人的做法，用合宜的方法行事，人就不会有什么疑惑。'老师您现在不安于《周易》的卜筮之用而喜爱其辞，不是标新立异于众人么，这样可以吗？"

孔子回答说："赐，你太尖刻了！我告诉你：……《易》，能让刚强者懂得恐惧，柔弱者懂得争取，愚直的人不妄作，欺诈的人不奸诈。文王仁德，但他不得其志以实现宏图。纣王无道，文王便兴起。文王隐藏自己的心志以避祸，就致力于创作《周易》。我很高兴了解了卦爻辞中的哲理。如果不是文王作《易》，我哪里会知道文王如何侍奉纣王呢！"

子贡问道："老师您也相信《周易》的占筮之用吗？"（山按：此一问，适足以证明孔子平时不占卜）

孔子说："我占一百次有七十次是符合的。周梁山占的那次，（因是多人占）最后从其多者。"

孔子说："对于《易》，我是把它占卜的功能放在次要的地位，我是关心它所讲的德义啊。《易》的内容包含三个由低而高的层面。由幽赞（暗求鬼神佑助或鬼神暗中赞助）。而晓达术数；由术数而晓达德义；德义，就是守住仁而行于义。只知道《易》的幽赞作用而不晓达术数的，就是巫；明白了术数而不晓达德义的，就是史。史和巫们的占筮，他们向往《易》而未达到《易》之境界，爱好《易》却失去了《易》之根本。后代学人质疑我孔丘的，大概是因为《易》吧！我不过是追求《易》之德而已，我和史、巫们是同途而殊归。立足于同一部《易》，旨归却大相径庭。君子是以自己的德行来求福的，所以很少祭祀；他们是以自己的仁义来求吉的，所以很少卜筮。对于《周易》，我们要把祝巫卜筮之用放在最后吧！"

子为什么不语

《论语·先进》篇载,季路问事鬼神。子曰:"未能事人,焉能事鬼?"曰:"敢问死?"曰:"未知生,焉知死?"

孔子用两个反问,拒绝正面回答子路提出的有关生死、鬼神的问题。

其实,遭到这样对待的,不仅是子路。孔子做老师,有些东西是明确不说或不对一般学生说的,比如,子贡也曾经感叹:"夫子之文章,可得而闻也。夫子之言性与天道,不可得而闻也。"[1]

文章,指《诗》《书》《易》《礼》等各种古代文献中的学问。性,指人的自然本性。天道,古代一般指自然规律以及关乎人类的与人的吉凶祸福之间的关系。

---

1 《论语·公冶长》。

自然也好，人性也好，从事实的角度讲，都是极神秘而无实证的东西；从价值的角度讲，也很难阐发并唤起人们的普遍认同。孔子对这些玄妙而无实据的东西存而不论——至少是对大多数人闭口不谈——凭自己的悟性去领悟吧。

孔子重视人后天修炼而成的道德品性。而对于天赋的自然本性，他觉得不好谈，也不必谈。道德品性通向人道，自然本性通向天道。人道亲切，天道冷淡；人道迫切，天道迂远。人道者，仁道也，仁者爱人，当然要谈。而天地不仁，以万物为刍狗，何必多谈？怎能多谈？所以，孔子谈人道，不谈或少谈、慎谈天道。

值得注意的是，子贡这里并没有说孔子不言性与天道，细揣其义，倒是孔子谈了，只是他"不可得而闻"。孔子谈天道人性，与闻的范围很窄，窄到连子贡都没有资格听。子贡都没有资格听，谁还能有？唯有一个：颜回。

《论语·述而》篇明确说："子不语怪、力、乱、神。"

这地方的神，不是鬼神的实体，而是鬼神之力的神奇。

所以，正确的翻译应该是"孔子不谈论怪异、勇力、悖乱、神奇之事"。

一切非常态的东西，孔子都不谈。孔子只要我们懂常识。

一切太玄妙太神秘缺乏根据的东西，孔子也不谈。孔子要我们有理性。

孔子担心侈谈这类东西，会让人走火入魔，不仅胡说八道，还会胡作非为。

结果是：不相信自己的命运由自我的德行决定，反而把它付之于一些不可知的东西。这不仅是道德卸责，还会引起道德堕落。

所以——

孔子讨论常态的东西而不谈变异的东西——常态的东西是普遍适用的知识，我们必须掌握；变异的东西只是特例，不具备知识的普遍性。

孔子只谈论人的品德而不谈论人的勇力——德行是根本的，可以养成的，是决定一个人价值的关键。勇力是末节的，且往往是天生的，与一个人的最终价值关系不大。

孔子谈论合理的东西而不谈论混乱有悖常理的东西——合理的东西是我们判断的依据和前提，是我们一切知识的基础。有悖常理的东西虽然在某时、某地偶然存在，但恰恰是反知识反常识的，过多地谈这些东西会损害我们的正常思维。

孔子谈论人力而不谈神奇——人的品行、行为、意向决定人的命运，而不是所谓的神奇、神力。人力实在而决定权在己；鬼神玄虚、无实据而决定权在他——不仅与人之幸福互不关涉，相信神力，还有碍人类的道德自我提升。

知道该相信什么，不相信什么，这也是智慧，甚至，是智慧的起源。

鬼神是价值

对于"鬼神"这类无稽之物,孔子到底信不信?我的回答是:孔子信其价值,不信其事实。

谓予不信,请看《论语·八佾》的记载:

> 祭如在,祭神如神在。子曰:"吾不与祭,如不祭。"

祭如在,应该是"祭鬼如鬼在"的简略式。鬼者,归也,祖宗所归往,子孙所归敬也。全句意为:孔子祭祀祖先时,好像真有祖先在受祭;祭神时,好像真有神在受祭。孔子说:"我若不真心诚意地去祭祀,就如同没有祭祀一样。"

祭祀之时,既然并非祖宗、神灵真实"在场"并受祭,只是在祭祀时,为了保持虔诚,心中默念祖宗、神灵"如（同）在"，那么，孔子这句话，实际上是有意无意地告诉我们：他不信鬼神真实物理性的存在，他只把它们作为一种价值存在。

《孔子家语·致思》：

> 子贡问于孔子曰："死者有知乎？将无知乎？"子曰："吾欲言死之有知，将恐孝子顺孙妨生以送死；吾欲言死之无知，将恐不孝之子弃其亲而不葬。赐不欲知死者有知与无知，非今之急，后自知之。"

看来，对于"死者有知无知"这一问题的思考和回答，关键不是去辨别事实，而是考量价值。

再看《论语·雍也》：

> 樊迟问知，子曰："务民之义，敬鬼神而远之，可谓知矣。"问仁，曰："仁者先难而后获，可谓仁矣。"

既"敬"鬼神，为何又"远之"？因为"敬鬼神"，是为了敬一种价值，而"远之"，是因为不相信鬼神实有，不必也不能沉迷。不知敬畏神秘力量，是没有信仰；迷信鬼神实有，是缺少理性精神。既有信仰，又有理性，这就叫智慧。

智慧与知识有别。简言之，知识是"对于事实的认知"，其对象仅仅是事实；而智慧则不仅能够认知事实，更重在考量和认同价值。孔子说"君子不器"，为什么君子不是器？因为君子拥有的,不仅仅是专业的知识和技艺,而且能够考量、商榷、估定和认知价值,认知到人类不仅仅是一个物理的存在,而且还是价值的存在;人类的生活不仅仅是物质和肉体的生活,还是精神和道德的生活;人类的生命不同于禽兽的生命,他不仅仅是生理上的,还是精神上的,所以叫"性命",不同于"牲口"——盖"性"者,心之生也;"牲"者,物之生也。孟子讲"人之所以异于禽兽者几希"[1],这珍贵而易失的异于禽兽之处,就是"心",所以,孟子再三呼吁人们:"求其放心"。[2]

其实,鬼神这种无稽之物被创造出来,就是为了某种价值,对此,圣人知之,小人迷之。而在特定的历史条件下,圣人还就是利用小人的"迷信"来实现道德的目标,此即所谓的"神道设教"。《易·观》:"观天之神道,而四时不忒,圣人以神道设教,而天下服矣。"盖迷信也是一种信,有信则有行,无信则无行,信行则忠良孝悌,无行则放辟邪侈。故有信之民,胜过无信之民远矣。

《中庸》:

> 子曰:"鬼神之为德,其盛矣乎!视之而弗见,听之而弗闻,体物而不可遗。使天下之人,齐明盛服,以承祭祀,洋洋乎如在其上,如在左右。诗曰:'神之格思,不可度思,矧可射思!'夫微之显,诚之不可揜,如此夫!"

---

[1] 《孟子·离娄下》。
[2] 《孟子·告子上》。

《荀子·礼论》：

　　祭者，志意思慕之情也，忠信爱敬之至矣，礼节文貌之盛矣。苟非圣人，莫之能知也。圣人明知之，士君子安行之，官人以为守，百姓以成俗。其在君子，以为人道也；其在百姓，以为鬼事也。

知道鬼神没有，不过是知识。而能明了一切鬼事不过人道，鬼神只是为了验证和考验我们的真诚恻怛，则是智慧。

孔子的两篇自传

《论语·为政》：

> 子曰："吾十有五而志于学，三十而立，四十而不惑，五十而知天命，六十而耳顺，七十而从心所欲不逾矩。"

这一段话广为人知，孔子讲他人生的六个阶段，算得上是历史上最早的也是最短的自传。

其实，《论语》中还有一段孔子的自传，是人我对照而言的，《论语·子罕》：

> 子曰："可与共学，未可与适道；可与适道，未可与立；可与立，未可与权。"

能够一起学习的人，未必能一起达到"道"的境界；能够一起达到"道"的境界的人，未必能一起立身于"道"中；能够一起立身于"道"中的人，未必能与他一起灵活运用"道"。

孔子这里说了四种层次：一起学习的人；一起学到了道的人；一起立身于道的人；能灵活运用道的人。

每上一层，就会淘汰一批人，到了最后，可能只剩孔子一个人。

学识越深，身边的同伴越少。

曲高自然和寡。德高自然孤独。

孔子独处高绝的道德学问之巅，寂寞深深。

但是，问题是：人生的最高境界是否就是道德的境界？如此在道德上琢磨自己，是否会把自己修养成形如槁木、心如死灰的道德木乃伊呢？

显然不是。

把孔子上述两段话总结一下，我们发现，两者之间呈现了一些相同的境界，比如"学""立""权"。但最高境界乃是"从心""从权"——"十有五而志于学"讲的最高境界是"从心所欲不逾矩"，"可与共学"讲的最高境界是权变。我们把两个放到一起比较就可以得出一个结论：人生的最高境界是自由的境界，同时，又是道德的境界，是自由与道德融为一体的境界。从心所欲，是自由；不逾矩，是道德，孔子经过自己一生的努力，最终给我们的启发是：人生的最高境界是自由和道德融合的境界。

自由是经由必然，再超越必然。

真正的道德人格一定是自由的人格；

真正的道德人生一定是自由的人生；

真正的道德社会一定是自由的社会。

孔子，这位伟大的圣人，几十年的修行，告诉我们道德与自由的关系。

到达最高境界的人是宽松的、从容的、愉悦的、自由的，又是合乎道德的、体面的、高贵的。

有一次，孔子兴致高，评价起历史上的几位著名的隐逸人物：伯夷、叔齐、虞仲、夷逸、柳下惠、少连。孔子说："不降低自己的志向，不辱没自己的身份，就是伯夷、叔齐吧！"说柳下惠、少连："降低志向辱没身份了，但言辞合乎伦理，行为深思熟虑。他们也就这样了。"说虞仲、夷逸："隐居山林，说话放肆，立身合乎清白，弃官合乎权变。"

最后，孔子说："我与这些人不同：我是无可无不可。"[1]

无所坚持，见风使舵，毫无原则的，是小人；

有所坚持的，是"贤"；

有所坚持而又不拘谨教条的，是"圣"。

伯夷、叔齐等人，是贤。而孔子，是圣。孔子比他们高出一个境界。

子曾经曰："君子之于天下也，无适也，无莫也，义之与比。"[2]

"义"是原则，但不是教条。

---

1 《论语·微子》。
2 《论语·里仁》。

如果我来写孔子简历

如果我来写孔子简历,我会这么写——我们一直以来所填的表格就这么填写,而且我相信读者也希望我这么写:

首先,出生年月要写:公元前551年(鲁襄公二十二年)阳历9月28日孔子生于鲁国昌平乡陬邑。

接下来要写的,公元前549年(鲁襄公二十四年),孔子三岁时父亲叔梁纥去世;公元前535年(鲁昭公七年),孔子十七岁时母亲颜徵在去世。

当然,同一年孔子穿丧服赴鲁国大夫季孙氏宴,被其家臣阳货拒之门外也要写——因为它表明孔子丧失了士的身份,被鲁国上层社会拒绝,孔子家族面临再一次跌落——跌落为庶民,从而万劫不复。

再往下,公元前533年(鲁昭公九年)

孔子十九岁。绝望的孔子服丧期满后前往宋国。在宋娶宋亓官氏为妻。

公元前532年（鲁昭公十年），孔子二十岁。回鲁，生子孔鲤，因鲁昭公贺以鲤鱼，故名，字伯鱼。这一年值得特别记录：第一，长子出生；第二，孔子恢复了士的身份并获得最高象征意义上的国家褒奖，几乎从草根一跃而为鲁国闻人；第三，出任季孙氏家委吏之职，管理仓库——用今人的话说，工作了！成为国家公务员了！

公元前531年（鲁昭公十一年），孔子二十一岁，获得升迁，任季孙氏家乘田之职，管理畜牧。

公元前522年（鲁昭公二十年），孔子三十岁。这一年也值得大书特书：因为，孔子辞去了公务员职位，抛弃了司局级级别，做了一件开创历史的大事：创办私学。

公元前517年（鲁昭公二十五年），孔子三十五岁，去洛阳留学归来，鲁国发生"八佾舞于庭"事件，昭公流亡齐国。孔子亦赴齐。

公元前515年（鲁昭公二十七年），孔子三十七岁。返鲁。自此直至五十一岁出仕前，都安心办学教书。

公元前501年（鲁定公九年），孔子五十一岁，又值得大书特书，因为孔子再次出仕，任鲁国中都宰，政绩显著。接下来的几年里，孔子由鲁国中都宰升任小司空。再升任大司寇，行摄相事。外交上，相鲁定公赴齐鲁夹谷之会；内政上，隳三都以强公室，政治生涯达到巅峰。

公元前497年（鲁定公十三年），孔子五十五岁。三桓怨恨孔子隳三都削弱自己的势力，齐国嫉恨孔子在夹谷之会上对齐国的挫败，使出美人计离间孔子和三桓及定公，内外交逼中孔子辞官，去鲁适卫，开始长达十四年的周游列国。先后辗转于卫、曹、宋、郑、陈、蔡、楚等七国。

公元前484年（鲁哀公十一年），孔子六十八岁。鲁季康子召孔子，孔子结束周游列国，返鲁。

公元前479年（鲁哀公十六年），孔子七十三岁，卒。弟子为孔子服丧三年，子贡为其守墓六年。

我这样写，不足千字概述孔子一生，已经足够简略。

但是，孔子自己写的简历是什么样子的呢？

子是这样曰的，《论语·为政》：

> 吾十有五而志于学，三十而立，四十而不惑，五十而知天命，六十而耳顺，七十而从心所欲，不逾矩。

只有三十八个字。

不。区别不在于字数的多少。区别在于：

我写的是世俗的功业；孔子讲的是心灵的修业。

我写的是成功；他讲的是成人。

我记住的是世俗眼中的人生阶段和上升阶梯；他注重的是自我智慧的发育和境界的提升。

孔子说："古之学者为己，今之学者为人。"[1] 不亦信乎！

1　《论语·宪问》。

孟子说："从其大者为大人，从其小者为小人。"[1] 圣人之所以为圣人，一般人之所以为一般人，不亦宜乎！

就凭这两份不同的简历，我永远不会自作聪明地说：孔子也是一个普通人。

不。我是普通人，孔子不是。

我知道我们和孔子的差距。

---

[1] 《孟子·告子上》。

夫子的气质

孔子的学生陈亢发现了一个有意思的现象：老师孔子在周游列国的时候，每到一国一地，很快地就能获得当地人的信任与亲近，从而很快地就能掌握该国该地的政治、风俗和人情。他对老师具备的这种超乎寻常的亲和力感到不解。于是，他请教师兄子贡："我们老师每到一国一地，一定能够获知其国其地的政治民情。他是刻意求知的呢，还是人家主动告知他的呢？"

子贡回答说："先生是以温和、良善、恭敬、检点、谦让的态度得来的。他老人家获得信息的方法总是和别人不一样吧！"

子贡是一个特别善于总结的人，更是对自己老师非常懂得的人，他揭出的"温良恭俭让"五个字，不特画出了孔子的温煦气象，还给后人修养身心提出了一个可资对照

的努力方向。简言之,这五个字包含的人格、气质内涵,大致如下:

温,为人温和,不激烈,不尖锐,不尖刻;

良,不仅仅是善良,它是指对万事万物都有一种善意和悲悯;

恭,就是谦恭,和睦,对人、物有恭敬心,敬畏心;

俭,指做事有分寸感,能够对自己的行为有所节制。个人生活有分寸感,那就不奢靡浪费,所以生活节俭只是俭的一个方面。

做任何事,哪怕是正确的事,也得要有分寸感,从哲学上讲,就是度。差之毫厘,谬以千里,所以这个"俭",是人生中非常重要的一个概念。

比如说,恭敬很好,但是恭敬过头就不好。所以,孔子反对"足恭"。在大街上碰到老师了,你说:老师好!打个招呼,很好;给老师鞠个躬,也很好。但是你趴在大街上就给老师磕头,就不好,过分了,老师会尴尬。如果是有意作秀,炒作自己,则是对师长的"绑架"——那就是人品不好了。所以,过分的"恭",往往有不良的企图,对这样的行为,孔子表示"耻之"。

让,谦让。这个社会总有竞夺,竞夺总不能以力量为唯一胜算,总不能以一切据为己有为唯一目标,否则人类社会就变成丛林,弱肉强食了。所以,人一定要学会"让"。人类学会"让"了,人类文明的曙光就出现了。

但是,有意思的是,孔子后期的学生子夏,却对君子的气质有这样的表述,《论语·子张》:

> 子夏曰:"君子有三变:望之俨然,即之也温,听其言也厉。"

子夏说的君子是谁？还是孔子啊。

意思是，君子的气质有三种变化：远望他的外表，很严肃；近距离接触他，很温和；听他说话，很严厉。

望之俨然，不可犯；

即之也温，可亲近；

听其言厉，是诤言。

君子有大德，不苟且，此俨然；

君子有大度，能容物，此温煦也；

君子有教益，能育人，此言厉也。

俨然者，礼貌恭敬；温煦者，仁德内充；言厉者，义气发扬。

君子三变者，不过是礼、仁、义三种内涵的依次流露而已！

孟子说大丈夫"居天下之广居，立天下之正位，行天下之大道"[1]，不也是说君子的三变！

---

1 《孟子·滕文公下》。

圣人的感性

我们知道，孔子是教育家、思想家。读《论语》，我们还会发现，孔子也是一个诗人，《子罕》：

子曰："岁寒，然后知松柏之后凋也。"

这显然是对现实人生中某种珍贵品性的感慨和赞美。但是，问题是：这是一种什么表达呢？他没有说人，没有说道德，没有说社会，他说岁寒之时——季节；他说青青松柏——植物。这是一种疏离化的表达——通过拉开与具体所指的距离，不仅实现了对现实的超越，还达到了对无限内容的最大包含，更重要的是，还升腾为一种人生的诗意：用如此感性的句子，表述对人生如此理性的领悟。多么美的句子啊。

再看他讲政治，《论语·为政》：

> 子曰："为政以德，譬如北辰，居其所而众星共之。"

人间的政治，竟如同我们头顶的星空，群星璀璨，而北极星那么明丽耀眼。在他的眼里，秩序就是美，美就是秩序。仍然是用一种疏离的方式，表达最切近的意义。

再看下一则，《论语·子罕》：

> 子在川上曰："逝者如斯夫！不舍昼夜。"

逝去的，那些不舍昼夜、毫不顾及我们痛惜的情怀和挽留的指缝无情逝去的——是什么呢？此刻，圣人之心在叹惋什么？

我们从中看到了人生：那流逝的，不是我们的生命吗？而且，随着生命一起流逝的，还有更多美好的东西：壮志，雄心，青春，朋友和亲人，友情和亲情……

哦！不能忘记《子罕》篇中的最后一则：

> "唐棣之华，偏其反而。岂不尔思？室是远而。"子曰："未之思也，夫何远之有？"

前面四句是古代传下来的逸诗，很美，用现代汉语翻译一下，可以是这样的：

唐棣树的花呀,
翩翩的摇呀。
难道我不想你?
你住的远呀。

古人很浪漫,多情而且深情。孔子眼睛盯着这几句诗,心中默念着这几句诗,他是多么喜欢这样天真活泼的爱情啊!于是,他说,你真想他(她),你就千万里千万里地去追寻他(她)呀!嫌远,还不是真思念嘛。

这是幽默。但是,不懂诗,不懂诗人的情怀,不能进入诗歌的意境,不被诗歌中的情怀和意境感动和触动,又怎么能有此种幽默?

钱穆《论语新解》说:"此章言好学,言求道,言思贤,言爱人,无指不可。中国诗妙在比兴,空灵活泼,义譬无方,读者可以随所求而各自得。而孔子之说此诗,可谓深而切,远而近矣。"

好吧,言好学,言求道,言思贤,言爱人——随你说好了,我只是想说:夫子如此感性啊!

我们知道,老子是理性的,理性到波澜不起,哀乐不生,心如古井,冷静到冷酷,客观到旁观,抽象到无象,所以令人生畏,读《道德经》,凛然悚然。

孟子激情四溢,豪情万丈,浩然之气,充塞天地,果然一时丈夫万世豪杰,但他锋芒毕露,咄咄逼人,不屈不挠,不枝不蔓,比之孔子,蓊蔼气象稍逊一筹,温敦气质似少三分。

孔子和老子一样,智慧幕天席地;和孟子一样,气质至大至刚。但是，比起老子、孟子，孔子多了一些诗意。于是，他的世界，就多了一个维度，他本人，就多了一副眼光，一种胸襟，一种委婉，一种回旋，于是，他的人生，就有了山重水复时的柳暗花明，无路可走时的周行不殆！

乘桴浮于海

何为实在,何为诗歌?《论语》中有两个例子,正好为此注脚。

"实在"的例子是《论语·子罕》:

> 子欲居九夷。或曰:"陋,如之何?"
> 子曰:"君子居之,何陋之有?"

说出这样的"欲居九夷"的话,显然是孔子在中原华夏有些失落,于是想起老子出关"化胡",也想模仿,移民他国,走异乡,寻找别样的生活。当然,孔子不是老子,他坚守"鸟兽不可与同群,吾非斯人之徒与而谁与"[1],不会真的离开,这不过是他一句兼有感慨、牢骚的叹息罢了。用想象中

---

1 《论语·微子》。

的逃离，来让自己的精神暂时从沉重的现实中脱逸一下——如同今人因不满时下的工作而偶然在脑海中闪过跳槽的想象——注意，只是想象，因为跳槽而落的下一家，也是在想象中才是让我们称心适意的，而我们对此其实是非常明白的——我们只是暂时有意识地让理性打个瞌睡，以便我们劳累的身心也借此休憩片刻。所以，孔子此时的"欲居九夷"，只是叹息，而当不得真。从叹息的角度说，与诗意已经只有一步之遥；但从当不得真的角度说，这毕竟还不是诗，只是有了诗的趋向——他还得走得更远一点才成。

但是，旁听者中出现了一个当真的人。他改变了孔子此时情绪的诗意化趋向：此人因当真而较真，他问孔子："陋，如之何？"

一句话就让孔子从近乎诗意化的情绪中回过神来，恢复了理性，他傲然答曰："君子居之，何陋之有？"君子住到哪里，教化哪里的人。那里的人教化好了，也就自然不落后了。同时，君子不就是传道的么？君子的职责不就是传播文化么？把先进的文化、文明推广到落后地区，是君子的职责之一。

你看，此时的孔子，心理上进行的，是理性活动。

实际上，当孔子说"欲居九夷"时，他就是介于浪漫和理性之间——虽然想逃避现实，但九夷毕竟是可居的，是可以"移民"的，或者说，这可以是一个人生的"愿景"或"计划"，并且是具有一定可行性的"愿景"和"计划"，是在现实中可以实现的。所以，我前面说，此时孔子的情绪，与诗意只有一步之遥，但，毕竟还有一步之遥——他还踏足在现实之境。

下面《论语·公冶长》这一则，则一开始孔子就跨出了现实的土壤，直接站立在诗歌之境：

　　子曰："道不行，乘桴浮于海，从我者，其由与？"

　　"道不行"，这也还是感慨，虽怅触万端，却不离现实。但下面接着的，这就不再是"欲居九夷"这样的可行性"计划"，而是"乘桴浮于海"这样的毫无现实感的浪漫"想象"，是天风浩浩烟波渺渺的超现实之境。他没说道不行，我悲观悲哀绝望，找一个什么地方解闷去——这样说，就"实在"了，就依然黏滞于现实、纠结于现实而不能实现精神的脱逸。不。此刻，他的眼中，看到的，是海，是那烟波浩荡、气象万千、无边无垠、直达天际的大海，此时，他的心灵中，完全不是人生的规划，而是精神的飞升。

　　大海辽阔，神秘，暗示着宇宙无限可能的空间和人类精神无限可能的境界。为什么孔子就能想到海呢？圣人的心胸，对于我们，也是大海，也是一个谜。人与人的心胸是不一样的，人与人的智力是不一样的，人与人的情怀是不一样的。有些人，总能和一种大而深的境界对接起来，有的人，永远只局限于眼前看得见摸得着的肤浅空间。

　　说"乘桴浮于海"完全没有现实感，不光是"海"之不可居，还有"桴"之不可乘。假如孔子说：我要乘坐大船游轮去大海，他就只是陈述一个可能的"事实"，一个现实的"愿望"或"计划"，而仍然没有诗意。诗意是对现实的超越——我们知道，孔子也知道，一个小木筏子是不能航行大海的，但是，唯其如此，唯其如此"不现实"，才与现实拉开距离，大海之大，木筏之微，满眼烟波之中，人如沧海一粟，世界之苍茫衬托心灵之孤独，形体之细微凸显精神之傲岸，这才是诗意，才是境界！

思维太拘泥太实用的人，很难理解诗歌。理解诗歌，需要智力和情怀的双重优越。

说"乘桴浮于海"完全没有现实感，除了"海"之不可居，"桴"之不可乘，还有一点尤其重要：这样的不现实的航行，其实还是完全没有目的的。"欲居九夷"是有目的的，无论是消极的逃避还是积极的"化胡"，都是目的。而"乘桴浮于海"是没有目的的，它其实只是一种想象中的航行，精神的航行，心灵的航行，是精神的脱逸，而不是身体的位移。

美是什么？美是无目的的合目的性。

诗是什么？诗是不现实的现实性。

诗歌并不远离现实。它与现实的关系，不即不离——不即，也不离。即了，不是诗；离了，也不是诗。

我们还是跟着孔子来理解诗歌吧：辽阔的大海之上，一个小木筏，两个彷徨人，烟波满眼，飘摇沉浮，天遥遥，水淼淼，不知去何处，也不要去何处——这不是生活中的"现实"情景，却又是生活的本质写照！

独与天地晤对

《论语·为政》的这一则是大家熟悉的：

子曰："吾十有五而志于学，三十而立，四十而不惑，五十而知天命，六十而耳顺，七十而从心所欲，不逾矩。"

这是孔子晚年对自己一生的总结，言语之间，颇有自得之意。如果一个人，一生如切如磋，如琢如磨，克己复礼，学而不厌，老年之时，升座崇高境界，那种成就自我的感觉，无疑是美好的，也是他该得的奖赏。

但是，《论语·子罕》中，还有一段话，也是孔子晚年总结自己平生，而发的感慨。不过，这段话里透露出的，除了自我的肯定，还有一丝寂寞：

子曰："可与共学，未可与适道。可与适道，未可与立。可与立，未可与权。"

能够一起学习的人，未必能一起达到道的境界；能够一起达到道的境界的人，未必能一起立身于道中；能够一起立身于道中的人，未必能一起不拘泥于道。

孔子这里说了四种层次：一起学习的人；一起学到了道的人；一起立身于道的人；不被道拘束的人。

每上一层，就会淘汰一批人，自我提升的同时，也是自我对人群的自绝。最后，踌躇四顾，可能只剩独自一人。于是，堂皇之时，不免彷徨；自得之间，不免自失。

曲高自然和寡。德高自然孤独。

学识越深越伶仃。

孔子独处高绝的道德学问之巅，寂寞深深。

人类的很多文明创造，似乎都是为了排解人类的寂寞。作为个体的人，一生中的很多活动，也是为了把自己从寂寞中解救出来。于是，就有了家国，就有了社会，就有了族群，就有了团体，就有了朋友，就有了圈子。这一切包裹我们，使我们隔绝世界的寒凉，感受人间的温暖，并且，在这个危机四伏尔虞我诈的世界上，通过对族群的认同，获得安全感。

但是，有一种寂寞，却是人性完美的象征，只有完美的人性，才能拥有这种寂寞，才配享受这种寂寞。

《论语·宪问》：

子曰:"莫我知也夫!"子贡曰:"何为其莫知子也?"
子曰:"不怨天,不尤人,下学而上达。知我者其天乎!"

当孔子感慨:"没有人了解我啊"时,好像有一丝寂寞,其实是大欣喜。

子贡看到了老师的寂寞,但他没有看到这种寂寞背后的欣喜。

其实,"莫我知也"者,不是遗憾之言,而是得意之言。为什么?因为"知我者其天乎"!

一个人,假如上达天命,下行天道,履行自身的人间使命,完成自我的人格塑造,此种境界之上,只有与天地晤对了。

只能与天地晤对,当然有寂寞。

能与天地晤对,则是人生的大境界!

孔子知天,天知孔子。

《孟子·万章下》:

孟子谓万章曰:"一乡之善士斯友一乡之善士,一国之善士斯友一国之善士,天下之善士斯友天下之善士。以友天下之善士为未足,又尚论古之人。颂其诗,读其书,不知其人,可乎?是以论其世也。是尚友也。"

喔!一个人,放眼天下都找不到对等的友者时,这是何等的寂寞!又是何等孤绝的境界!何人能攀登如此绝顶,背负青天,莫之夭阏;俯视人寰,满眼慈悲?

他是人间的圣者。

拘谨是一种品德

《论语·八佾》：

> 子曰："事君尽礼，人以为谄也。"

孔子居鲁，于大家纷纷尊三家之时，偏偏以礼事君，在他，固然是一种必备之礼节，还是一种矫枉纠偏之姿态，但是，他之不见喜于当时趋炎附势之辈，反为他们所攻讪，也就在意料之中了。

其实，按照礼节来对待他人的人，行为中总有一份拘谨，气质中总有一份谦恭，眉宇间总有一份自卑。这本来是一种儒雅谦和的教养与气象，却常常为无礼傲慢狂妄自大之辈解读为"谄媚"。

岂不闻《礼记·曲礼上》讲"礼"之本质，是"自卑而尊人"，《礼记·坊记》说君子

"君子贵人而贱己,先人而后己",张岱《四书遇》引杨复所的话:"千古圣学,唯有小心而已"?

我们不妨看看孔子的小心。

关于孔子的气质,《论语·乡党》有这样的记录:

> 孔子于乡党,恂恂如也,似不能言者。其在宗庙朝廷,便便言,唯谨尔。朝,与下大夫言,侃侃如也;与上大夫言,訚訚如也。君在,踧踖如也,与与如也。
>
> 君召使摈,色勃如也,足躩如也。揖所与立,左右手,衣前后,襜如也……
>
> 入公门,鞠躬如也,如不容。
>
> 立不中门。行不履阈。过位,色勃如也。足躩如也。其言似不足者。
>
> 摄齐升堂,鞠躬如也,屏气似不息者。出,降一等,逞颜色,怡怡如也……复其位,踧踖如也。
>
> 执圭,鞠躬如也,如不胜。上如揖,下如授,勃如战色,足蹜蹜如有循。
>
> 享礼,有容色。私觌,愉愉如也。

翻译过来,意思是这样的:

孔子在乡下和老乡在一起时,恭顺谦逊讷讷少语,好像不会说话一样。在宗庙朝廷上,虽然很谨慎,说话反而轻松流畅,同下大夫侃侃而谈,同上大夫款款而谈。

国君驾临,一派恭敬而心里不安的样子,行步安详的样子。

接待外宾，他面色庄重，步履加快。向左边的人作揖时，拱手向左，向右边的人作揖时，拱手向右，礼服款款摆动……

走进朝廷的门，小心而恭敬，好像无地自容一样。

不站在门的中间，走路时脚不踩门槛。经过国君的座位，面色庄重，脚步加快，说话小心翼翼好像气不足似的。

走上殿堂，提起衣服下摆，小心而恭敬，屏住气，好像不呼吸一般。走出来，下一级台阶，面色舒展，怡然和悦……回到自己的席位上，显出恭敬而内心不安的样子。

出使外国行礼的时候，拿着圭玉，恭敬而小心好像力量不足，举不起来。向上举，好像作揖；向下拿，好像交给别人。面色庄严战战兢兢，脚步紧张而小心，好像踩着一条看不见的线在走。

献礼时，便满脸和悦。

但以私人身份会见外国君臣时，便很放松，和悦。

在这些记载里，我们看到了什么？看到了圣人的拘谨。

有意思的是，这里还有对比。比如在乡下乡党面前"似不能言者"的孔子，其实在大场合大人物面前却是个侃侃而谈的人。在外交场合战战兢兢的孔子，在私下场合会见外国国君时，却是一派轻松自如自在——盖，在下层人面前有小心谦卑心，是真贵族的教养；而外交场合的紧张，是对职事的严肃。

读《论语》，我们看到，孔子很自在；但是，同样是读《论语》，我们又能看到，在另外一些场合，孔子又很拘谨。

什么叫拘谨？就是拘束自己，恭谨待人。请看汉语中的两个古老而现代的词，礼节，礼让：

"礼节"者，用礼节制自己。

"礼让"者，以礼谦让他人。

如果有人问，一个人，在任何一个地方都不拘束，昂藏自大，哓哓善辩，怎么样？

我的回答是：不怎么样。

因为，这样的人，这样的态度气质，不是自信，而是不知敬畏。须知在这个世界上，总有一些人我们必须敬畏，总有一些场合我们必须敬畏，总有一些规矩礼仪我们必须敬畏。极言之，在这个世界上，谁又比我们低贱？我们在谁面前可以趾高气扬？在什么场合可以自以为是？那就只能是一个场合：私人场合——"子之燕居，申申如也，夭夭如也。"[1]

所以，我们尽可以自信甚至自负，但更多的时候，还真要有拘束，有小心，甚至要有紧张。为什么？因为我们对他人、对世界有恭敬心。

恭敬的人，一定是拘谨的；

自爱的人，一定是羞涩的；

高贵的人，一定是自卑的。

在生活中，我们会发现，那些德高望重学问深深的人，往往特别谦和。

只有那些不上不下之人，因为上不去又下不来，才张牙舞爪目中无人。

《论语·子路》：

---

[1] 《论语·述而》。

子曰:"刚毅木讷近仁。"

拘谨,是近乎圣贤的品德,正如放肆是近乎流氓的德性。
我见过的大家,几乎都是拘谨的。
我见过的小人,往往都是放肆的。

孔子的牢骚

《论语》是孔子死后人们编的他的语录,并没有经过夫子自己审定。他的弟子们也很活泼,没有把自己老师塑造得道貌岸然,高大完美。虽然他们在编一本正经,但他们自己却一点也不一本正经,老夫子生前的那些或严肃或调侃,或语重心长或心不在焉,或深思熟虑或随意咳唾,都被他们记录下来,斑斑在案而流传千古。

所以,《论语》有格言,却真的不是格言集,把《论语》看作世故老人的人生经验谈和道德训示录,是黑格尔大哲人的走眼,更是今天很多鸡汤小厨子的无珠。《论语》记录的当然主要是孔子的"语",是弟子们怀着对老师的炽热的敬爱之情,"论"——回忆、揣摩、讨论老师留下的——"语",但他们记录老师这些"语"的动机,却是为了复活老师的"人",在回忆老师的音容笑貌中一次又一次沐浴于老师的温暖。有人说,"论"读如"伦",义亦如"伦",乃"伦理"之意,"论语"就是伦理之语。我觉得,《论语》的编辑者没有这么严肃,《论语》中很多"语"与"伦"是无关的。

我们看看《论语》中那些一点都不"伦"的"语",然后自然就会明白,弟子们在一起"论"这样的"语",显然不是因为这"语"里有什么教益,而只是因为他们觉得,回味老师的这些"语",老师就生动地活了。

《雍也》:

> 伯牛有疾,子问之,自牖执其手,曰:"亡之,命矣夫!斯人也而有斯疾也!斯人也而有斯疾也!"

伯牛生了病,孔子去探望他,从窗户握着伯牛的手,说:"要失去他了,这是命吧!这样的人竟有了这样的病啊!这样的人竟有了这样的病啊!"

还是《雍也》:

> 子曰:"觚不觚,觚哉!觚哉!"

觚不像觚的样子,这是觚吗?这是觚吗?

《子罕》:

> 子曰:"凤鸟不至,河不出图,吾已矣夫!"

凤鸟不飞来，黄河不出图，我这一生也将要完了！

这些句子，哪里是什么人生教诲？我们看到的，不是圣人的智慧和强大，恰恰相反，是圣人的脆弱和无奈——无论是面对他人的不幸还是自己的命运，无论是面对历史还是现实，圣人，其实是脆弱的。我相信，弟子们一边写下这些，一边心中充满对老师的疼爱和不忍。是的，他们热爱孔子，不是因为他强大，而是因为他伟大——伟大的人，是真实的人，他并不掩饰自己的软弱和无力，他不需要装作强大和战无不胜。事实上他总是被生活中的各种东西伤害，因为他并非披盔戴甲，他和我们一样以血肉之躯面对世间刀剑。但正因为他并非披盔戴甲武装到牙齿，我们才能拥抱他，感受他的体温和心跳。

再看《论语·子罕》：

"唐棣之华，偏其反而。岂不尔思？室是远而。"子曰："未之思也，夫何远之有？"

古诗说："唐棣树的花，翩翩摇曳。难道我不想你？你住的太远。"孔子说："这是没有真正想念啊。如果真想，有什么遥遥不遥远的呢？"

这是轻松的调侃，还是一片幽思无从说起？孔子当初说此话时，弟子们一定交头接耳；弟子们现在回忆并记录时，也一定是数声叹息。

再看《论语·先进》：

> 子曰:"由之瑟,奚为于丘之门?"门人不敬子路。子曰:"由也升堂矣,未入于室也。"

孔子说:"仲由的那种瑟声,为什么在我这里弹呢?"弟子们(因此)不尊敬子路。孔子便说:"仲由啊,在学习上已经达到'升堂'的程度了,只是还没做到'入室'。"

这是对一个矫矫不屈的学生烦躁之时的过激之言,由此还引发了严重后果,事后不得不予以弥缝。

引起最严重后果的,我觉得应该是夫子的这句话了,《论语·阳货》:

> 子曰:"唯女子与小人为难养也,近之则不孙,远之则怨。"

因为这句话,夫子几乎成了全体女性的公敌,很多有着男尊女卑思想的臭男人却拿夫子这句话傲骄向女人,当然也有一些爱护女人也爱护夫子的人想尽各种办法来弥缝夫子与天下女人之间的隔阂,他们或对这句话予以重新断句,或从语法角度对这句话进行重新解读,至于把"小人"解释为"小孩子"的,则属于学术"小儿科"了——但用意都是好的。

其实,我觉得学者们根本无须费劲为夫子辩诬,女人们也无须对夫子耿耿于怀:夫子只是偶然未费思量冲口而出发个牢骚罢了!就如同我们身边的男人,在马路上开车,被一个女人抢道了,愤愤然,冲出一句:女人难缠!你还能把这话当成是他对所有女人的观点啊?他甚至可以当着他母亲的面说这句话,他母亲也一定不以为忤,因为老母亲都知道他就是发泄一下情绪罢了,哪里是成心一棒子打翻天下女人!

孔子曾经说过子路"无所取材"[1],骂过宰予"朽木不可雕也,粪土之墙不可圬也"[2],开除冉求并呼吁众弟子"鸣鼓而攻之"[3],你以为这是孔子对他这三个弟子的真实评价?非也,只是夫子一时气急,发脾气说气话罢了。

孔子,是圣人,但是,他也有发脾气说气话的时候。

我们凡人,要允许圣人发发脾气,并且:

第一,不要把圣人的脾气话当圣旨,对自己有利时沾沾自喜;

第二,也不要因为圣人发脾气而自己生气。

圣人,有时也需要凡人的宽容。

---

1 《论语·公冶长》。
2 《论语·公冶长》。
3 《论语·先进》。

孔门的幽默

《论语·公冶长》：

> 季文子三思而后行。子闻之，曰："再，斯可矣。"

季文子季孙行父是鲁国季氏家族的一位有名的家长，是季孙意如季平子的祖父，季桓子的曾祖父，季康子的高祖父。这后面三代季孙氏家长，和孔子都有着很深的关系。季文子一生也算中规中矩，执政二十多年，鲁国也算平顺，自己也是善终，死前还遗令薄葬。

季文子死时，孔子还没有出生，算是鲁国的前辈政治家。他有一个特点，就是遇事反复思量然后才施行，被人称作"三思而后行"。

其实，这里的"三"，并非实数，只是表示反复思量而已，而孔子呢，喜欢见义勇为，挺身而出的行为，不大喜欢磨磨蹭蹭畏首畏尾反复计量利害的人，于是就故意坐实这个"三"字，调侃这位鲁国先辈："考虑两次，就可以了嘛，何必三次啊。"把这虚指的"三"故意当成实指，加以调侃——这是一种很高级的幽默，既含蓄地批评了这位前辈，又显得不那么认真——认真了，就不好玩了。

孔子是一个负大重而自如的人，所以，在很多很原则很严肃的场合，在我们都以为他要说一番伟大光荣正确的话时，突然之间，他的笑脸灿烂地开放，照亮暗淡沉重的空间，让我们的心情摇曳如春风中的花枝。

《论语·阳货》载：言偃（子游）任武城行政长官，孔子带着几个弟子去看望，他们到了武城，见了子游，就听见满城弹琴唱歌的声音。孔子莞尔一笑，对子游说："杀鸡哪里用得着宰牛的刀啊？"子游显然一时没有感觉到老师的轻松和愉快，他很认真地回答说："过去我听老师说：'君子学了道，就能惠爱百姓；老百姓学了道，就容易听使唤了。'所以，我用礼乐文化治理武城啊。"孔子收起笑脸，说："各位，言偃说得好啊。我刚才是跟他开个玩笑啊。"

孔子的学生中，也有这样的幽默之人，比如有若——不过，他的幽默有点冷。

《论语·颜渊》载：有一次，鲁哀公向有若问道："今年年成不好，国家财政用费不足，您看怎么办呢？帮我想想办法？"

先说一下鲁国此时的税收。西周的田税制度叫"彻"，国家从耕地的收获中抽取十分之一作为田税。而鲁国自宣公十五年（公元前594年）起，废除"彻"法，实行以"二"抽税，就是国家从耕地的收获中抽取十分之二作为田税，这等于是把原先的税收提高了一倍。但是，即便如此，因为贵族们的开支越来越多，又逢世道多变，国家多事，鲁哀公还是觉得财政吃紧，于是，向有若讨教解决财政困难的方法。

有若如何给他出主意呢？有若说："那为何不实行十分抽一的'彻'税法呢？"

人家钱不够用，让他出主意增加收入，他淡定而悠然地给人家出的主意是：把税收降下来，减少一半！好像是别人钱太多了花不完，让他来帮助减肥！

哀公显然没想到有若如此冷幽默，他简直不相信自己的耳朵，说："现在我是实行十分抽二的田税！十分之二的田税我还不够用，你怎么会要我去实行十分抽一的'彻'税法呢？"

这时，有若才幽幽地说："百姓足，君孰与不足？百姓不足，君孰与足？"

孔门幽默的后面，总是正当的道理啊。

曾子对自己特别狠

孔子学生中,曾子曾参并不聪明,在孔子生前,也没有什么特别优异的表现,不仅不在四科十哲的名单里,还得到孔子"参也鲁"的资质鉴定。

但后来的曾子无疑是一个伟大的人物,他这一脉,接连出现子思、孟子这样的大家,奠定了儒学正宗的地位。

其实,在孔子生前没有优异表现的他,却有些特别的表现,关注这些特别的表现,也许能理解为什么资质不够优异的他,最后却成为孔门中成就最高的人。

曾子有着古拙倔强的个性,为了修炼自己,他对自己特别狠,甚至有时狠得不近人情。比如他为了履行孝道,竟然在他父亲曾皙亮出大棒要他命时,他能挺立原地,一动不动,任由暴怒的父亲痛殴,直至昏死。醒来后,他还去父亲房里慰劳:父亲为了教训儿子,拿那么重的棒子,劳动那么多下,累了吧?回到自己房间,想到父亲也许会担心他的身体,就故意又是弹琴,又是引吭高歌,让父亲听见,免得父亲牵挂。

这事最后得到的,是孔子对他的一番斥责,差点被开除学籍。但孔子最终还是对他予以开导,指点他:在坚持孝顺的同时,有时可以有一点违逆——这一点违逆,既可保护自己的生命,还可以保护父亲的名声。

孔子可能在愤怒曾子死心眼的同时,对他的仁近于愚的天性暗暗称奇。其实,孔子明白:教会一个有原则的人适度的变通,不难。而一个有坚持的学生是难得的。

根据苏辙《古史·孔子弟子列传》,曾参孝养曾晳必有酒肉,因不忍远离父母而辞去官职。父亲去世,执亲之丧,水浆不入口者七日。

《孟子·公孙丑章》记到,曾子的父亲爱吃一种叫羊枣的野生果子,父亲死后,曾参竟不再吃羊枣。

《庄子·寓言》还说到了曾晳死后曾参心理上的变化:曾参第一次做官,官不大,俸禄微薄,但心里快乐,因为有双亲孝顺。第二次出来做官,官大了,虽有三千钟的丰厚俸禄,但父母不在了,不能赡养双亲了,所以心里很悲伤。

《韩诗外传》卷一载,父亲曾晳在,曾子看重俸禄,"重其禄而轻其身",因为要养亲;父母不在了,曾子就"重其身而轻其禄"。

父母生前放不下,父母死后放不下,何时才放下呢?

《论语·泰伯》记,曾子有疾,召门弟子曰:"看看我的脚!看看我的手!它们都是好好的!为了保护好我受之父母的身体发肤,我一生都像《诗》所说:战战兢兢,如临深渊,如履薄冰,不敢丝毫懈怠,以防有所毁伤。从今以后,这一保护身体不受毁伤的漫长过程可以结束了,我可以免于担惊受怕了!弟子们!"

看到他直至死亡方才释然而解的一生,我们是否心中凛然生怕肃然生敬?

曾参这样的人,天性极醇厚。醇厚的天性是对智商的最好弥补。其实,天性的醇厚与否比智商的高低更重要。

《论语》第一篇《学而》第四则,就是曾子曰:"吾日三省吾身,为人谋而不忠乎?与朋友交而不信乎?传不习乎?"每日三省吾身,不断地在道德上自我反省,把自己当作一块糙石,如切如磋,如琢如磨——这是何等的自我强迫?

《论语·泰伯》,曾子曰:"可以托六尺之孤,可以寄百里之命,临大节而不可夺也。君子人与?君子人也!"——这是何等的自我强化?

还是《论语·泰伯》,曾子曰:"士不可以不弘毅,任重而道远。仁以为己任,不亦重乎?死而后已,不亦远乎?"——这是何等的自我强加?

修炼美德毫不放松,改错纠偏绝不放过,担当责任决不放下,君子人与?君子人也!

《庄子·让王》:

曾子居卫,缊袍无表,颜色肿哙,手足胼胝。三日不举火,十年不制衣，正冠而缨绝，捉衿而肘见，纳屦而踵决。

曾子住在卫国时，衣服内絮为乱麻面子已破烂，满脸都浮肿手脚是老茧。三天不生火，十年不添衣，正正帽子带就断，提提衣襟肘就露，穿穿鞋子跟就裂。"曳縰（披散发带）而歌商颂，声满天地，若出金石。天子不得臣，诸侯不得友"。

最后，《庄子》赞叹他：养志者忘形，养形者忘利，致道者忘心！

以艰苦求卓绝，这就是曾子！

子贡如何花钱

孔门弟子中,子贡算是一个事功型人才,所以孔子说他是个"器"。要知道,孔子可是说过"君子不器"的,所以,当面说子贡是个器,是一种明白的贬低,不过,孔子大概自己也觉得这样的贬低太过分,就又安慰子贡:你是瑚琏一类的器。

瑚琏是什么呢?是在祭祀天地祖先的时候盛放祭品的贵重礼器。那个时代,国家的大事就是"祀与戎"[1],祭祀和战争,祭祀是国家最严肃的场合,用这样场合下盛放祭品的贵重之器来比方子贡,算是给他一点安慰吧。

子贡确实是国之重器,他是一个杰出的外交家。齐国要攻打鲁国,孔子深知,弱

---

[1] 《左传·成公十三年》。

小的鲁国只能坚持"用外交手段"保护自己,他对门弟子说:"夫鲁,坟墓所处,父母之国,国危如此,二三子何为莫出?"[1]说是"二三子",其实这话是说给一个人听的,所以,下面子路请行,孔子止之,子张、子石请行,孔子弗许。孔子在等那一个人。子贡当然明白老师的意思,于是站出来:老师,我去。孔子点点头。

接下来,子贡展开穿梭外交,接连访问齐、吴、越、晋诸国,纵横捭阖,折冲樽俎,结果是,"子贡一出,存鲁,乱齐,破吴,强晋而霸越。子贡一使,使势相破,十年之中,五国各有变"。

但是,孔子还是要批评他:"我只让你阻止齐国攻打鲁国,别的都是不该干的!巧舌如簧,伤害信义,以后要管住自己的嘴巴!"[2]

子贡还是一位杰出的商人,他的经商才能让孔子很惊奇也很不解,《论语·先进》记有孔子的话"赐不受命,而货殖焉,亿则屡中"。意思是说,端木赐不够听话,跑去买进卖出,不知为什么,他预测市场行情非常准确,弄得富可敌国。孔子大概有点不明白子贡为什么赚钱能力那么强大。司马迁《史记》里有中国历史上第一篇商人传记《货殖列传》,里面写的第二个商人就是子贡。其实,子贡应该是中国有史以来被历史记载的第一位大商人。因为《货殖列传》中第一位写到的陶朱公发财在子贡之后,司马迁不知为什么把他放到子贡前面了。

子贡的钱多到什么程度呢?司马迁是这样说的:子贡周游列国,

---

1 《史记·仲尼弟子列传》。
2 《孔子家语·屈节解》。

诸侯们对子贡是"无不分庭与之抗礼",这是孔子都没有得到的礼遇。

但是,子贡最了不起的地方,还不是他神奇的赚钱,而是他独特的花钱。历史上,钱比他多的人,很多;但是,花钱比他花得值的,没有。他的钱,很多都用在老师身上了,司马迁说"夫使孔子名布扬于天下者,子贡先后之也"[1]。这样的钱,花得其所,最得其所。

所以,我以为,子贡也许不是历史上最会挣钱的人,但是,子贡一定是中国历史上最会花钱的人。谁能像他那样有福,把钱花在圣人身上呢?

钱有了使用之处,才叫有"用处",没花出去的钱,就是没"用处"。所以,那些帮我们花钱的人,其实我们要感谢他,是他们让我们的钱有了"用处"。

子贡的钱,花在孔子身上,就是在赞襄民族文化,就是在赞襄天道,不灭斯文。这是他的无上光荣,也是他的无比幸福。不是孔子要感谢他,恰恰相反,是他要感谢孔子。这一点,他非常明白。

子贡名列"孔门十哲",这比他的外交生涯,比他的商人名头,更让人心向往之。

---

[1] 《史记·货殖列传》。

子贡的大聪明

孔门弟子中，"七十子之徒，（端木）赐最为饶益"。[1] 再加上他外交上的成就以及鲁、卫这两个小国对他的依赖，使得他既是商界的"大款"又是政界的"大腕"。由于孔子不大喜欢弟子们急吼吼出去做官和经商，孔门里坐冷板凳的困窘贫穷之人多啊，司马迁在上引这句话的后面，马上就接了一句："原宪不厌糟糠，匿于穷巷。子贡结驷连骑，束帛之币以聘享诸侯，所至，国君无不分庭与之抗礼。"在这样的比较之下，子贡有足够的资本傲视同侪。可是，不。虽然他也有"方人"（评点他人）的毛病，"喜扬人之美，不能匿人之过"，[2] 但是，他知

---

[1] 《史记·货殖列传》。
[2] 《史记·仲尼弟子列传》。

道别人的优势。

《庄子·让王》上有一则子贡和原宪之间的小误会。说原宪住在鲁国，茅草屋狭小，蓬草门漏风，桑条作门轴，破瓮为窗户，上漏下湿之中，原宪尚能自得其乐弹琴唱歌。子贡来拜见同学，高头大马，一身华贵，只可惜原宪贫民窟的窄巷过不去他的马车，只好下车步行，叩响柴扉。原宪戴着裂口的帽子，穿着破跟的鞋，挂着藜杖应声开门，子贡一见讶然，失口道："哎呀！先生得了什么病吗？"原宪答："无财谓之贫，学而不能行谓之病。今宪贫也，非病也。"我们记得孔子曾经说过，"士志于道，而耻恶衣恶食者，未足与议也"[1]，则原宪破衣烂衫，正是志于道的表现。故而子贡听了，大约想起了老师的教导，十分羞愧。原宪接着说："迎合世俗行事，比附周旋交友，读书是为取悦他人，教书是为炫耀自己，不见仁义，只见高车大马，我原宪不忍心这样。"

这故事到此，就是在嘲讽子贡了，其实，子贡无须原宪的教训，他自己颇为自觉。我们知道，《庄子》多寓言，故事多不可信。我们看一则可信的。

《论语·学而》：

> 子贡曰："贫而无谄，富而无骄，何如？"子曰："可也。未若贫而乐（道），富而好礼者也。"子贡曰："《诗》云：'如切如磋，如琢如磨'，其斯之谓与？"子曰："赐也！始可与言《诗》已矣。告诸往而知来者。"

---

[1] 《论语·里仁》。

作为一个富人，有"富而无骄"的自我道德期许，颇为不易。不过孔子对他有更高的要求：富而好礼。其实，一个如此成功的人，还如此拜服孔子，投其门下，受其教训，这岂不就是好礼！孔子死后，他为孔子服丧六年，置商场赚钱和官场升迁于不顾，这是何等的境界！

《论语·先进》记有孔子的话：

> 子曰："回也其庶乎，屡空。赐不受命，而货殖焉，亿则屡中。"

我们揣摩一下孔子的口气：颜回啊，好学生啊，成绩好啊，可是，总是穷得没办法。端木赐呢，学习上不够听话，却总是那么会赚钱。

那么，这么有钱的子贡，如何看待那么穷苦的颜回呢？

大概孔子也在想这件事，于是孔子问子贡："你与颜回相比，谁更强一些啊？"子贡略显吃惊地回答："我怎么敢同颜回相比？颜回闻一以知十，我端木赐只能闻一以知二。"[1]

子贡聪明，是外交奇才，是商业奇才。但是，子贡最聪明之处，不是显示在外交上、商业上，而是显示在对人价值的判断。孔子曾经问子贡："智者若何？仁者若何？"子贡对曰："智者知人，仁者爱人。"[2] 知道衡量自己和他人，知道不能用世俗的所谓功业判断人的境界，不以世俗的所谓成败论英雄，这才是子贡的大聪明！

---

1 《论语·公冶长》。
2 《孔子家语·三恕》。

被优点绊倒

子路是个勇士。他第一次见孔子,打扮就很可笑:头上戴着公鸡的鸡冠,身上佩戴着公猪的牙齿。那意思就是,我又是公鸡,又是公猪,我狠不狠啊,我是不是猛人啊?

他不是来拜师的,是来砸场子的。

对此,孔子只觉得好笑:你这算什么啊?这只能显示你野蛮嘛。人的力量不在于体力,而在于脑力;人的可贵不在于有多勇猛,而在于你有没有理智。在这个世界上,你能不能行得通,不是靠武功,靠的是你的行为合乎礼义。

其实,孔子本人也是一个身高近两米的猛人,真单挑,子路未必就能必胜。

但是孔子没有和子路扳手腕,而是教导子路一番:你要懂礼义才行。子路最终被孔子折服了,要求做孔子的学生,孔子就是这样把子路收下来的。

但是，江山易改本性难移，子路觉得他最大的优点就是勇敢，所以，他在老师表扬其他人或好学，或仁义时，总是在旁边不断提醒孔子：老师啊，勇敢很重要啊！那意思是，您老如果把"勇敢"纳入评价指标，我就是最突出的了，你应该多多表扬我啊，我是大师兄啊！

所以，他会带着明显的暗示，问老师："君子是不是最崇尚勇啊？"孔子对他的小九九洞若观火，悠悠地说："君子如果好勇而不好义，就会悖乱，小人如果有勇而没有义，就会做强盗。"[1]

弄得子路一鼻子灰。

有一天，孔子表扬颜回："回啊，用之则行，舍之则藏，只有你和我达到了这种境界呢。"子路马上站出来："老师啊，你哪一天要是带领三军去打仗，你要谁去帮衬你老人家啊？"

他的意思是说，您要带三军打仗，那终当要带我了吧？

他其实没有别的意思，就是要一句表扬。子路比孔子只小九岁，但我们看，他争宠啊，他小性子啊。他是孔子身边的老天真，老小孩。

但是孔子明白，这种人是表扬不得的。孔子怎么回答的呢？

孔子还是悠悠地说："有一些人啊，赤手空拳敢打老虎，无船无桥就泅渡黄河，这种人啊，死了都不知怎么死的，我一点都不稀罕他！"[2]

当然，孔子也是表扬过子路的。

---

1 《论语·阳货》。
2 《论语·述而》。

子曰:"道不行,乘桴浮于海。从我者其由与?"子路闻之喜。子曰:"由也好勇过我,无所取材。"[1]

先表扬子路的忠诚,接下来,却是近乎一笔抹杀:无所取材。

而得出这样冷酷结论的根据就是:子路好勇。

由于孔子一直对子路下毒手(李贽语),甚至最后出现了"门人不敬子路"的严重后果。其实,子路是孔门的第一期学员,跟随孔子最久,求道之情最诚,为什么孔子一直对他评价不高呢?

原因很简单:子路太自恋于自己的勇敢了。

子路其实一直把自己的勇敢当作自己的标志性符号,他站在孔子身后,双目圆睁,把那些不三不四的人说的话噎死在他们的喉咙里。孔子觉得再也没有人敢在他面前口出恶言,子路有了一种神圣的成就感。

我相信,他一定在一生的时间里都在渴盼着一次机会,比如英雄救美,比如老师深入险境,而他挺身而出,救出老师。有一次,老师带他和子贡、颜回登临鲁国境内的农山[2],要他谈谈志向,他登高临远,满怀陶醉,给我们描绘的场景是:

"由愿得白羽若月,赤羽若日,钟鼓之音,上震于天,旍旗缤纷,下蟠于地,由当一队而敌之,攘地千里,搴旗执聝,唯由能之,使二子者从我焉。"[3]

---

1 《论语·公冶长》。
2 《韩诗外传》言戎山。
3 《孔子家语·致思》。

结果是，夫子不无揶揄地说了一句："勇哉。"——你还真是勇敢啊。

孔子曾经担忧过他"不得其死"[1]，他也果然在后来死于卫国的蒯聩之难。蒯聩与自己的儿子蒯辄争夺王位，父子相争，双方无义，本来就为孔子所不齿，子路不能自脱于不义之争，反而以身死之，贻孔子无边之痛，也正印证了孔子的"君子有勇而无义为乱"的剀切之论。

子路是有优点的，他最大的优点就是勇敢。

他终身沉湎于自己的勇敢，迷恋自己的勇敢，他最想展示的，也是他的勇敢。他几乎花一生的时光耐心地守着他的这棵勇敢之株，等待着奔跑而来的兔子。

兔子终于来了，但是，撞死的不是兔子，而是极度兴奋的自己。

人，往往被自己的优点拴住，被自己的优点局限，与自己的优点纠缠，最后，被自己的优点绊倒，或者，困死。

---

[1] 《论语·先进》。

优点的余地

我读《论语》,看孔子教学,发现他很多做法和现在人们提倡的教学原则和方法都是相左的。比如,我们现在总是说要多鼓励,不要打击,尤其不能伤害学生的自尊心。不知孔子那时人们的自尊心比现在的人皮实还是麻木,反正《论语》中孔子经常伤害学生的自尊心,比如骂宰予"朽木不可雕也,粪土之墙不可圬也"[1],这要在今天,学生一定会跳楼,家长一定会打上门来,校长一定会开除老师。但我还是觉得孔子对,把学生道德、行为和成绩的真相告诉他,让他意识到自己要对自己负责,意识到犯错误就要付出代价,这才是真正的教育。

现在的教育还老是说不要拿学生和别

---

[1] 《论语·公冶长》。

人对比，说这样不仅会伤害学生自尊心，还会造成逆反心理。可是，孔子就老是用对比法。比如，他晚年把颜回同学树为学习模范和道德模范之后，就经常当着其他同学的面，不加节制地表扬颜回，以造成其他学生的强大心理压力，刺激他们。《论语·述而》中记，有一天，一帮学生围坐着，孔子意味深长地对颜渊说："用我，就干；不用我，就不干（用之则行，舍之则藏）。这样的高境界，只有我和你具备吧！"夸颜回，还顺便一棍子打死一船人。那些被他一棍子打趴下的学生，只有羞愧自卑，或者自责的份儿。

可有一个人不干了。他就是耿直而又资历最老的子路同学。他说："那您老若是要带兵打仗，您要谁去帮衬您？"——子路是勇士，武功也高。他的意思是，要打仗，总得我仲由这样的吧？那小白脸颜回没什么用。

按说子路同学也可怜。一大把岁数，跟孔子最久，比颜回同学高出一个辈分了。老是被颜回压着也就算了，可老师您不能这样伤害我的自尊心啊！您老这样说，其他人可能忍着，我这张老脸往哪搁？不行，您得给我找回来点，我也有优点。

说白了，子路同学的要求不高，就是要老师给一个口头表扬，搞一个面子工程，糊弄一下自尊心。

但孔子偏不照顾他的自尊心，反而变本加厉地反击：赤手空拳打老虎，没有船只蹚过河，至死不知改悔的人，谁稀罕你！

今天看孔老师的教育方法可能不对，但是，教学内容还是挺好的。他不外乎讲了一个问题：凡事不能过头。我们要大济苍生，这是优点。但是，有条件就上，没有条件不要霸王硬上。你仲由勇敢，这是优点，但是不要把老命搭上。

有一天，子夏同学问孔子："老师，颜回怎么样？"

孔子说："颜回比我更诚信啊！"

"子贡怎么样？"

"子贡比我还聪明啊！"

子夏越听越紧张："那子路怎样？"

"子路比我更勇敢啊！"

"子张怎样？"

"子张比我更庄重啊！"

子夏几乎火了："他们都比你强，那您凭什么做他们的老师，他们为什么服您？"

孔子微微一笑，说："他们都只有一面，没有另一面。颜回很诚信，但不会通融；端木赐（子贡）能聪明却不能笨拙，仲由（子路）能勇敢却不能胆怯，颛孙师（子张）能庄重却不能随和。他们四人各有突出的优点，而且这些优点都超出了我。但是，你把他们四个的优点都集中起来跟我换，我还不换哩！"[1]

孔老师的意思是：即使是优点，也要留一点余地！

孔子有什么那么宝贝，舍不得拿来换他们四个的优点呢？

就是优点的余地！

---

[1]《列子·仲尼第四》。

战胜小人的秘诀

《论语·阳货》第一则,记载的是阳货和孔子之间的一次交锋:阳货希望孔子出山,帮助自己;但孔子自小讨厌阳货,长大后看到阳货陪臣执国命,更是厌恶他。

阳货是有架子的,他不会亲自登门拜见孔子。他也知道,孔子是看不上他的,不会主动投怀送抱。但阳货毕竟是阳货,他是有手段的。他先放出风声,要孔子去见他。但孔子装傻,不去见。阳货苦思冥想,终于想出一条计:他乘孔子不在家,派人送给孔子一只蒸熟的小猪。

按孟子的说法,按照古礼,"大夫有赐于士,不得受于其家,则往拜其门。阳货瞰孔子之亡(出门在外)也,而馈孔子蒸豚"[1]。

---

[1] 《孟子·滕文公下》。

朱熹说:"矙孔子之亡而归之豚,欲令孔子来拜而见之也。"[1]——他想用一只蒸熟的小猪来换得孔子的回拜。

孔子回到家,看见阳货派人送来的蒸熟的小猪,就明白阳货的意思了。阳货给孔子出了一个两难题:去拜访吧,就等于投靠,阳货可以以此散布舆论,造成孔子和他合作的影响。不去吧,违背周礼,不用说孔子本人不愿违背周礼,阳货也可以借此打击孔子,败坏他的声誉。

但这种小难题哪里能难倒孔子?破解之道其实就在眼前:操斧伐柯其则不远——就用阳货的办法:孔子也打听到他不在家,去拜见他。

可不巧得很——也可以说是巧得很——孔子在回来的路上遇到了阳货!

孔子一看阳货大夫的车马,自然是赶紧转弯避开,而阳货一见孔子的来路,以及对自己避之唯恐不及的样子,也就明白了怎么回事。他很生气,加上此时的他权势煊赫,说话的口气也冲:"别躲!过来!我有话对你说!"

孔子只好转回来,走近阳货。阳货说:"一个人藏起自己的才能而听任国家混乱,可以叫仁吗?"

道理很正派,孔子无奈,只好说:"不可。"

"那么,本来喜欢从政却屡次错过机会,可以叫智吗?"

说得也对,孔子只好又回答:"不可。"

孔子显然不愿和阳货直接冲突,面驳阳货,所以恭恭敬敬顺

---

[1] 《论语集注》。

着他说,但是,他的两个"不可",很明显是敷衍,是虚与委蛇。阳货当然也能看出来,但孔子态度既然如此恭敬,他也无从发作。

末了,阳货说:"日月流逝,时不我待啊!"

那潜台词是:孔先生,您已经五十岁的人了!您还有几次机会?

我相信,阳货最后这句话深深打动了孔子,触及了孔子内心中蛰伏二十来年的从政之梦。孔子心中的坚冰开始融化:"好吧,我准备出仕了。"[1]

这段对话非常精彩,孔子也不是不愿做官,而是不愿到破坏政治秩序的阳货那里做官。所以,不见阳货,是"义";不得已去拜见阳货,是"礼";等阳货不在家才去拜,是"权";路上碰见了也就恭敬相见,不愿意做得太决绝,是"毋必毋固"。阳货每一问,孔子必答,是阳货说得在理,孔子据理答复而不辩解,是谦逊而又不屈服。[2]

即便是孔子这样超凡脱俗之人,一生之中也免不了和一些难缠的人纠葛难解。这无须抱怨,我们可以像孔子那样,把生命历程中碰到的形形色色的人,包括小人,都看成是我们的命,看成是我们的磨炼。其实,任何一个障碍,换个角度看,也是一个高度,假如你不能高过障碍,甚至比障碍还低,只能与障碍平视,甚至仰视,障碍就是峭壁,挡住你前行之路。但是,假如你高过障碍,可以

---

[1] 《论语·阳货》。
[2] 朱熹《论语集注》:"孔子……非不欲仕也,但不仕于货耳。故直据理答之,不复与辩,若不谕其意者。阳货之欲见孔子,虽其善意,然不过欲使助己为乱耳。故孔子不见者,义也。其往拜者,礼也。必时其亡而往者,欲其称也。遇诸涂而不避者,不终绝也。随问而对者,理之直也。对而不辩者,言之孙而亦无所诎也。"

俯视障碍，就可以在障碍面前抬脚，把它踩在脚下，此时，障碍就变成了台阶，抬举着我们上升。

面对阳货的咄咄逼人，孔子的表现是唯唯诺诺而不辩，这不是屈服，而是不愿与之纠缠——孔子终究不会去阳货那里为官，却也无须在此争一高低。

战胜小人的秘诀是：不是要斗得过小人，而是要高得过小人。

十七岁的孔子，在阳货的讪笑面前不争不辩，转身离去时，他的眼中，阳货就已经成了台阶，何况这三十多年以后。

阳货的点醒

阳货是鲁国权臣季平子的宠臣,在孔子十七岁时,就已经做到了季平子的大管家。季平子意如是鲁国的执政大臣,相当于鲁国的国务院总理,作为"大管家"的阳货就是国务院办公室主任。

根据《史记·孔子世家》的记载,当年季氏要大宴鲁国士族子弟,登记注册,确定身份,正值孔子丧母守丧。为了不致丢了士的身份,孔子腰束麻带,着丧服前往,被阳货挡在门外。阳货这样不拘一格藐视礼乐的人,倒并不以孔子丧服赴宴这样的失礼为意,他是怀疑孔子的资格。他说,季总理今天是宴请士族子弟,您的身份好像不是哦,我不敢让您入席。孔子就这样被赶走了。

这是孔子和阳货的第一次交道。由于阳货的拒绝实际上是否定了孔子士的身份,从而堵塞了孔子进入上流社会的通道,对孔子的打击几乎是致命的。十九岁母丧期满,孔子仗剑去国,游学于宋,应该就是绝望于在鲁国的发展。

而这一去,不仅在学问上补上了商礼这一课,还娶妻成家,携妇而归了。

接下来,孔子生子,昭公赐鱼,其实是补发了孔子的士族户口本。

只要我们自己足够坚定,小人的排挤和摧折,终究不会改变我们人生的方向,反而会增加我们生命的厚度。

三十年河东,三十年河西。三十多年后,阳货却要借重孔子了。

鲁定公七年,季平子已死,季桓子继承了卿位。阳货三弄两弄,竟然控制了桓子和鲁定公,掌握了鲁国大权。但作为一名家臣,他这种违背政治游戏规则的暴得大权和大名,使他心里很虚怯。所以,他想培植自己的势力与群众基础。此时,孔子在鲁国办学已经二十年左右,一大批包括鲁国贵族子弟在内的青年才干都是他的门生,有着极大声望与国际影响。阳货非常需要借重孔子,稳定自己,也稳定鲁国。

但是,孔子绝无可能与阳货合作。当初,阳货不让孔子登记士族大名册;此时,阳货却已经入了孔子心中的"乱臣"黑名单。《论语·阳货》生动地记载了两人在不期而遇的路上所发生的交锋。虽然阳货言之凿凿敦之切切,而孔子也表现出不争不辩洗耳恭听的风度,给了阳货很大的面子,但是,孔子其实也给了阳货一个明确的信号:有你无我。只要你把持鲁国政坛,我就不可能出来从政。

显然,如果说孔子十七岁时,是阳货主观故意堵塞了孔子进入上层社会的通道；那么，三十年后，在孔子四十七岁时，阳货又以自己在鲁国政坛上的巨大非法存在，客观事实地堵塞了孔子进入政坛之路。

这，或许就是命运。圣人有时也无法跨越现实的障碍，只能在现实的厚壁面前，安静地等待，等待厚壁的坍塌。

但如果我们把阳货仅仅看作孔子一生中的消极元素，那也未免太皮相了。他要孔子出仕，看他批评孔子"怀宝迷邦"，言之何等谆谆；提醒孔子"时不我与"，戒之何等切切。孔子不辩，朱熹等人皆以为孔子不屑辩，但看阳货句句在理，孔子亦不因人废言，则又何从而辩？

这次谈话过后，翌年，阳货败，出逃齐国，孔子即决然出仕，开创了属于他的辉煌时代。

不能说阳货的话对于孔子没有触动，更放大一点说，孔子"五十知天命"，不能说没有阳货的点醒。

很多时候，改变我们人生轨迹的，常常是那些不同道的人。

而那些不同道的人，往往成为我们人生中的积极因素。

有若似不似孔子

孔子学生中，有一个叫有若的，司马迁《史记·仲尼弟子列传》说："孔子既没，弟子思慕，有若状似孔子，弟子相与共立为师，师之如夫子时也。"老师死了，弟子思慕老师，看到有若"状似孔子"，便相与立他为师，像对待老师一样对待他。司马迁的记载估计是出于孟子，《孟子·滕文公上》：

子夏、子张、子游以有若似圣人，欲以所事孔子事之。

但是，这条记载有些奇怪。孟子说"有若似圣人"，到底有若哪里似孔子？"状似"？"貌似"？"言似"？"道似"？司马迁说是"状似"，比较含混，"状"也者，形状、行状、性状都可以。但《论语》开篇子曰"学而时习之"之后,马上就跟着有子曰:"其为人也孝弟,而好犯上者,鲜矣。不好犯上而好作乱者未之有也。君子务本,本立而道生,孝弟也者,其为仁之本与?"[1]可见在《论语》的编者——其最早的编者也就是孔门弟子——那里,有子确实有着特别的地位。这种地位,应该与他思想境界最接近孔子有关,所以,我以为,有子似孔子,乃是"道似"孔子,至少是"言似"孔子——有若的同学子游就说"有子之言似夫子",这来自《檀弓上》的一则记录:

有子问曾子道:"您向老师(孔子)问过丢官失去职位方面的事情吗?"曾子说:"哦!我听到老师对此说过这样的话:'丢官后就赶快贫穷,死后就赶快腐烂'。"有子马上说:"这不是君子说的话。"曾子说:"我确实是从老师那听来的。"有子坚定地说:"这不是君子说的话。"曾子说:"我是和子游一起听见老师说这话的。"有子说:"那一定是老师针对某人某事而说这话的。"

曾子将这话告诉子游。子游说:"甚哉,有子之言似夫子也——了不起啊!有子说话很像老师啊!那时老师住在宋国,看见桓司马给自己做石椁,三年还没完成。老师就说:'像这样奢靡,还不如死了赶快腐烂掉!'希望人死了赶快腐烂,是针对桓司马而说的。南宫敬叔丢官离开鲁国,回国时,必定带上宝物朝见国王以谋求复职。老师说:'像这样行贿以求复职,还不如赶紧贫穷啊!'希望丢职后迅速贫穷,是针对敬叔说的啊。"

对"丧欲速贫,死欲速朽"这样极端的话,曾子同学两次明确告知是孔子说的,有若两次坚定地判断:"是非君子之言也。"

---

[1] 《论语·学而》。

不仅显示了有若极高的价值判断力,而且还显示出"当仁不让与师"的坚持真理的精神。

如果这还只能算是"言似"孔子,那么,下面这一则就不能不说是"道似"孔子了:

> 哀公问于有若曰:"年饥,用不足,如之何?"有若对曰:"盍彻乎?"曰:"二,吾犹不足,如之何其彻也?"对曰:"百姓足,君孰与不足?百姓不足,君孰与足?"[1]

"百姓足,君孰与不足?百姓不足,君孰与足?"这句话,即便放在《论语》这样名言警句如堆金积玉的典籍中,也不会淹没,而是熠熠生辉。这是政治学不易的真谛,是孔子政治学的心传绝学,也是这个世间政治的良心和政府的良知。

但是,"有若状似孔子""有若似圣人"云云,既可以看作是对有若的推崇,也可以看成是对有若的含蓄的揶揄:他还不是孔子,不及孔子。

比如他明白"孝悌是仁之本",这思想当然很像孔子。但是他说"孝悌了,就不好犯上了,不好犯上了,就不会作乱了",就很不像孔子了。人要恭谨诚实,要做守法有德有纪律的好人,这当然正确;人不要作乱,这在原则上也不错。但是,绝对地说不准犯上,就有问题了——因为这样一来,不仅确立了权力的绝对性,还培育了无权阶级的奴性,这是孔子绝不可能赞成的。有一

---

[1] 《论语·颜渊》。

次，仲由（子路）问孔子如何侍奉国君，孔子就正告他："勿欺也，而犯之！"[1]

这就是有若和孔子的差距。

---

[1] 《论语·宪问》。

《论语》中的无名氏（上）

《论语》五百多则，记录孔子师徒问答往还及当时各色人等的言语，大多有名有姓，即使有些人物我们今日对其具体所指不甚了然，如《子罕》篇"太宰问于子贡曰"之"太宰"究属何人，今人看法不同，但从记录者角度，却都是清清楚楚的具体人物。

但是，《论语》中也有一些无名氏的言语被记录下来，比如"或曰"五处，"或问"三处，"或谓"一处，"或对曰"一处，共十处。除此之外，还有《宪问》所记蘧伯玉的使者、晨门、荷蒉者，《微子》所记楚狂接舆、长沮桀溺、荷蓧丈人，《八佾》所记仪封人，《子罕》所记达巷党人等。

值得注意的是，这些人的言语，往往还很有价值，算得上"嘉言"的不少，比如蘧伯玉使者的"夫子欲寡其过而未能也"，就为孔子所叹美。楚狂接舆、长沮桀溺、荷蓧丈人和荷蒉者,算得上是道家一类人物,他们在《论语》中如此频繁地出现,不仅让我们看出那个时代人物的丰富,文化的深厚,他们奇崛的言行和鲜明的个性,更让我们向往那个时代的美丽——虽然他们是以那个时代的决绝者的面目出现。这从某种意义上体现了一种辩证法:一个时代容忍反对者并让他们尽情表现,反而可以获得尊敬,或者说,反对者的尽情反对,反而可以为他们所反对的时代加分。

《论语》为他们取名,既随意也得意:随意在于随形赋名,得意在于得意忘形。因为是在楚地,见一人昂头狂歌,所以,先下一定语曰"楚狂",因此人冲着孔子的马车迎面而来,所以直书曰"接舆"。这个接舆的楚狂啊,且听他"凤歌笑孔丘":"凤兮!凤兮!何德之衰?往者不可谏,来者犹可追。已而,已而!今之从政者殆而!"——凤啊!凤啊!你这个衰人!你过去糊涂我也就不说你了,从今以后你可改了吧!拉倒吧,拉倒吧!现今的那些从政者都是废人啊!

话很难听,昂着头,也并没看孔子,却句句指桑骂槐。作为"槐"的孔子当然心知肚明,但正处于耳顺之年的孔子倒不以为忤,赶紧下车想拉住那人谈谈,他却大步走了,把背影给孔子,孔子一阵迷怔。

这个故事太精彩,以至于庄子将它拿来,作为自己的代言,《庄子·人间世》:

> 孔子适楚,楚狂接舆游其门曰:"凤兮凤兮,何如德之衰也!来世不可待,往世不可追也。天下有道,圣人成焉;

> 天下无道，圣人生焉。方今之时，仅免刑焉。福轻乎羽，莫之知载；祸重乎地，莫之知避。已乎已乎。临人以德！殆乎殆乎，画地而趋！迷阳迷阳，无伤吾行！吾行郤曲，无伤吾足。

一番狂歌，能被庄子这样的高人看中并移来做自己的传声筒，可见这位在《论语》一角偶然闪过"愤青"一般面颊的楚狂，其人其言所具有的对于世道和人性人心的洞悉。可惜的是孔子未能截住他与之商榷，但，庄子却在文字中截住并接住他，用一种独特的方式，对他做了相隔近两百年的呼应。相较而言，庄子显然更为悲观，面对战国之世，也更加心怀不可测的恐惧，甚至，改"已而已而"为"已乎已乎"，我们也能看到语气上的变化：从骂世一变而为叹息，从愤激一变而为无奈。是的，从孔子到庄子，时代的暮色更浓了。

而我特别喜欢最后四句"迷阳迷阳，无伤吾行！吾行郤曲，无伤吾足"——迷阳草啊迷阳草，不要占满我的道，不要扎伤我的脚，我已经在躲着你走了！记得1989年，我读庄子，读到这几句，感慨万端以至于潸然泪下。

而在春秋的土地上"耦而耕"的长沮、桀溺，对孔子不仅热讽，还冷嘲，长沮的一句"是知津矣"，让我们如此真切地感受得到他在对孔子揶揄之时的那种冷酷的幽默。至于桀溺创造的"辟人之士"和"辟世之士"这样的两个词，让我们很轻松地识别出面对无奈的世道，两种不同的人和人生。并且，这二位，很可能是看中了子路棒棒的身体，一定是一个好劳动力，他们可能想着把他从孔子身边拉过来。一片篱笆三个桩，长沮、桀溺，合子路而三，可以在春秋的大地上扎出一道遮挡世道风沙的篱笆，不问世事，只种桑麻。

当然不能不提《宪问》篇中的那位"荷蒉而过孔氏之门者"，他能隔门而听出孔子磬声中的心声，并且给出"鄙哉！硁硁乎"的评价。要知道，"硁硁乎"可是孔子曾经用来描述小人的。"深则厉，浅则揭"，很像今人的心灵鸡汤——"不能改变世界，就改变自己"。可惜，孔子不是这样的人。

这些人，对孔子并不赞成，并且还自信比孔子明白，有智识上的优势。我们也尽可以学学耳顺的孔子，不必计较他们的态度，相反，他们的存在，让我们惊讶于那个时代精神生活的繁盛。

是的，这是一个伟大王朝的末世，但是，却有着由来有自的精神高度，这是这个伟大王朝不可掩的光芒。

《论语》中的无名氏（下）

《论语》中无名氏的言论，最打动我的，是《宪问》篇中的晨门——一个负责早晨开启城门的人：

> 子路宿于石门。晨门曰："奚自？"子路曰："自孔氏。"曰："是知其不可而为之者与？"

石门是鲁国都城（曲阜）外城的城门。子路随孔子周游列国，有时不免回国探望和处理事务。某一次回国，晚了，便在城门外客驿住了一晚，早晨，一早进门。负责开启城门的人问："从哪里来？"子路说："从孔氏那儿。"这个晨门贸然就是一句：："是知其不可而为之的孔氏吗？"

一句"知其不可而为之者"，是对孔子

最精当的认知,是对孔子精神的最简洁也最确当的概括,还是对人类悲剧性崇高的最简要的说明,钱穆先生说:"晨门一言而圣心一生若揭。"[1] 我常常把这位鲁国晨门和《史记·孔子世家》中那个描述孔子为"丧家狗"的郑国人(《孔子家语》作姑布子卿语)作一处想,惊讶于那个时代,怎么会时时有这样的高人,于有意无意之中,说出这等形而上的高论,令人大惊失色:

> 孔子适郑,与弟子相失,孔子独立郭东门。郑人或谓子贡曰:"东门有人,其颡似尧,其项类皋陶,其肩类子产,然自要以下不及禹三寸。累累若丧家之狗。"

一般人会觉得被人说成"丧家狗"是大不敬,即使不勃然大怒,也会尴尬非常。但是,有意思的是,这样难听的话,子贡竟然不加修饰,"以实告孔子"。而孔子闻言,竟然欣然笑曰:"形状,末也。而谓似丧家之狗,然哉!然哉!"

不知这个郑国人是在什么样的语义上使用"丧家狗"这个词的。但显然,孔子和子贡这一对师徒,都从"丧家狗"这个比喻里,看到了别人没有看到的东西,那就是:人类的悲剧性命运,荒诞性存在,以及——人类直面悲剧和荒诞之时的伟岸和孤高。

是的,被逐出伊甸园的人,不得不面临四面的荒凉。但也只有在此时,只有意识到自己已然丧家,必须自我看顾,人类的自我及其伟大才能够显示,人类才开始吁求自我的德性,建立自己

---

[1] 《论语新解》。

的精神世界,并从中获得自尊和崇高。同样,只有意识到自己身处荒原,人类也才有自己的目标——那就是:回家。这里用得着诺瓦利斯的那句经典的话了:哲学就是怀着永恒的乡愁寻找家园。孟子把孔子和自己这样的人,称之为先知先觉者。什么是先知先觉者?就是最先感觉到荒野上四面的寒风,惊觉已经被逐出家园的人。

其实,被逐出伊甸园也并非全是荒凉,我们也不必全然悲观。我们不是有了先知先觉者么?他们会召集我们,凝聚我们。让我们再最后看看《论语·八佾》中的"仪封人"——一个卫国叫作"仪"这个地方的土地管理者——的话:

仪封人请见,曰:"君子之至于斯也,吾未尝不得见也。"从者见之。出曰:"二三子何患于丧乎?天下之无道也久矣,天将以夫子为木铎。"

显然这是一个有心之人,是一个亲仁之人。他固执地要求见到从此处经过的大圣人孔子。获准见面出来后,对孔子弟子们说:"你们何必忧虑家园丧亡?天下黑暗无道已经很久了,天将会把你们的先生当成凝聚民心的木铎的。"

"何患于丧",一般都把这个"丧"解释为丧失职位,但是——
我今天就要接着郑国人的"丧家狗",把它解释为"丧失家园"——难道不可以吗?

"知其不可而为之者""丧家狗""木铎",这三个词,让我们从不同的维度,认识孔子,心中充满莫名的感动和来自两千多年前的温暖。

杏坛：天堂的模样

《庄子·渔父》篇：

> 孔子游乎缁帷之林，休坐乎杏坛之上，弟子读书，孔子弦歌鼓琴。

文字诗情画意，栩栩如生，其实却是寓言而非事实。明末顾炎武说："《庄子》书凡述孔子，皆是寓言，渔父不必有其人，杏坛不必有其地。即有之，亦在水上苇间、依陂旁渚之地，不在鲁国之中也明矣。今之杏坛，乃宋乾兴间四十五代孙道辅增修祖庙，移大殿于后，因以讲堂旧基甃石为坛，环植以杏，取杏坛之名名之耳。"[1]

顾炎武的说法当然没错。揆诸《渔父》

---

[1] 《日知录·卷三十一》。

全文，乃是一篇大寓言，不外乎是为了宣传自家主张，而戏薄圣贤，为了鼓吹出世，而贬低人世。孔子甫一走出森林，便来到"杏坛"，可知此杏坛绝无可能在鲁国城内，今日孔庙之中。而顾炎武列举的，《渔父》篇下文写到的："奏曲未半，有渔父者下船而来……行原以上，距陆而止……"又曰："孔子乃下求之，至于泽畔……"又曰："客乃刺船而去，延缘苇间……"更可见此"杏坛"，按庄子之意，不过是孔子带着弟子从茂密浓郁的森林中走出，恰好碰到的一个临水高地而已，此水既是渔父打鱼之处，谋生之所且隐居之处，芦苇丰茂，绝无可能在鲁国都之内。也就是说，"杏坛"，乃庄子随口诌出的一个词，绝无可能是孔子专门讲学之所。

但是，问题是，这个不见于《论语》《孟子》《荀子》，以及《左传》、大小戴《礼记》等等与孔子相去未远的先秦诸子文献之中的词，后来却被坐实了。

现在，真的有一个"杏坛"矗立在曲阜孔庙的大成殿前。而宋代以前，此处为大成殿，宋天圣二年（1024）孔子四十五代孙孔道辅监修孔庙时，在正殿旧址"除地为坛，环植以杏，名曰杏坛"。金代于杏坛上建亭，元世祖至元四年（1267）重修，明代隆庆三年（1569）改造重檐方亭。清代乾隆皇帝题匾，亭下还有金代文学家、书法家党怀英篆书"杏坛"二字碑及乾隆"杏坛赞碑"。孔子后裔六十代衍圣公还有《题杏坛》诗："鲁城遗迹已成空，点瑟回琴想象中。独有杏坛春意早，年年花发旧时红。"

孔道辅建杏坛，有《阙里志》所录孔道辅墓表原文为证。孔道辅建杏坛，使庄子随意捏造的一个"词"变成了一个实实在在的场所。

但是，客观地说，孔道辅建杏坛，倒不是为了伪造历史，只是在把原先的大成殿北移之后，因为不欲毁其古迹，要在原迹之上有所建树以示珍重此地，就因缘庄子的"孔子游乎缁帷之林，休坐乎杏坛之上"之语，除地为坛，环植以杏，名曰"杏坛"。

所以，孔道辅建立的杏坛，是明白表示与孔子本人是无关的，他只是要以此坛给后人凭吊追崇圣人一个场所和寄托而已。而要把一个"寓言"变成"孔子杏坛设教"的"历史"，还得把这个后人建造的杏坛，说成是孔子之时即有其物才行。

这个工作，由孔子四十七代孙孔传完成了。孔传，孔子四十七代孙，孔氏族长，建炎初，随四十八代衍圣公孔端友南渡，流寓衢州。他精易学，著有《孔子编年》《东家杂记》《杉溪集》等。其中，作于南宋绍兴年间的《东家杂记》是记录孔氏族庭历史的志书，其下卷中有《杏坛说》一文，释"杏坛"曰：

> 昔周灵王之世，鲁哀公之时，夫子车从出国东门，因睹杏坛，逡巡而至，历级而上。弟子侍列，顾谓之曰："兹鲁将臧文仲誓盟之坛也。"睹物思人，命琴而歌。歌曰："暑往寒来春复秋，夕阳西去水东流。将军战马今何在，野草闲花满地愁。"

这是"杏坛"由庄子寓言而演变为历史的最早努力。孔传坐实"杏坛"乃一孔子之时就有的特定之地，而非《庄子》所云的野外水滨任一杏花开放之地。虽然他也没有把杏坛当作孔子日常教学之所的意思，但是，事情到这一步，剩下的就水到渠成，在公共传播领域,"孔子杏坛设教",就此成了历史事实。后世授徒讲学之所,也就概称"杏坛",甚至,现在,我们把抽象的教育界,也称作杏坛了。

一个道家人物随口诌出的词,为什么却被坐实,一个虚构的寓言,如何竟然成为历史?

其实原因非常简单:这个寓言,不是生活的真实,但却有着本质上的真实;不是物理上的真实,却是精神上的真实——它确实是孔子日常教学生涯的高度概括。

孔子的私学,与弟子切磋琢磨的日常生活,实现了人类生活有可能达到的现实与精神、物理与心灵的圆融。这种圆融,已经超越了物理之真与伦理之善,而达到极致的境界:美。

真与善的纯粹之境,就是美。

庄子,毕竟是手眼通天的极致高人,他感受到了孔子生活方式的诗意,他直觉到了孔子日常生活中蕴含着人类生活的大美。他看到了,他情不自禁地喊出:美啊!请停留一下!

最后,他用自己的文字,让这个美永恒停留:眼前春水,身后杏花,白云在天,落花依草,这虚构的一时胜境,从此成为一个民族永恒的灵境。孔子和他的弟子们,永在此境,弹琴,歌唱,笑语盈盈——这其实就是天堂的模样。

附录

孔子时代各国形势图

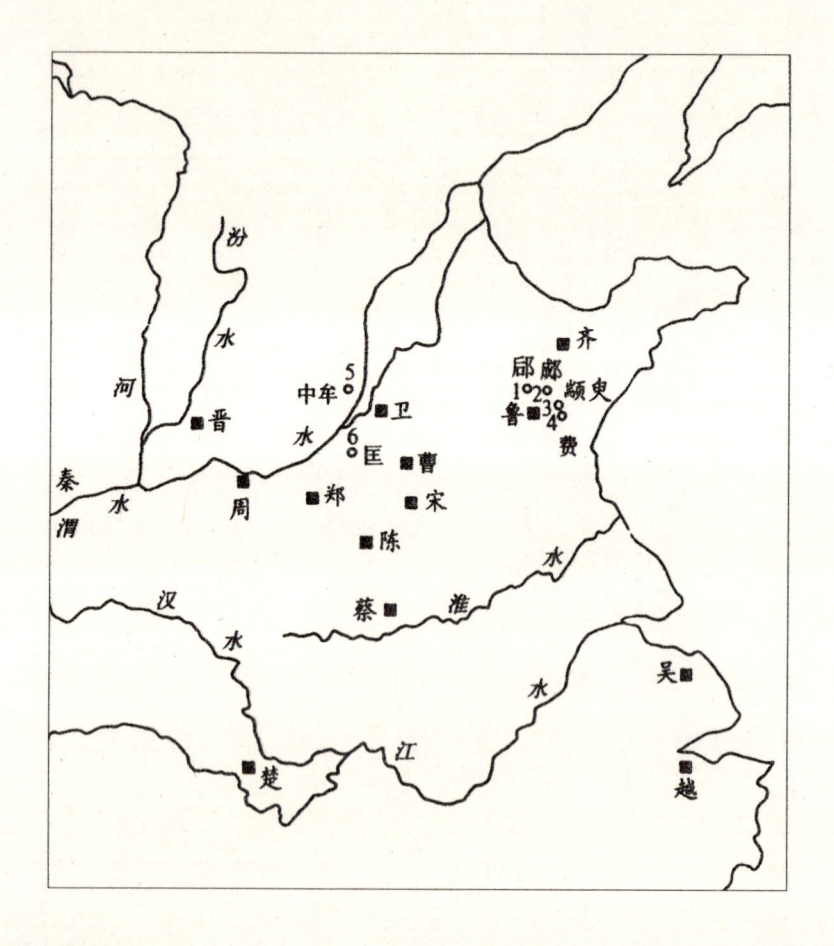

孔子生平年表

公元前 551 年 （鲁襄公二十二年）	阳历 9 月 28 日孔子生于鲁国昌平乡陬邑（今山东曲阜市南辛镇鲁源村）。
公元前 549 年 （鲁襄公二十四年）	孔子 3 岁。父亲叔梁纥去世。
公元前 537 年 （鲁昭公五年）	孔子 15 岁。后自谓"吾十有五志于学"。
公元前 535 年 （鲁昭公七年）	孔子 17 岁。母亲颜徵在去世。孔子合葬父母。穿丧服赴鲁国大夫季孙氏宴，被其家臣阳货拒之门外。
公元前 533 年 （鲁昭公九年）	孔子 19 岁。服丧期满后前往宋国。在宋娶亓官氏为妻。
公元前 532 年 （鲁昭公十年）	孔子 20 岁。回鲁，生子孔鲤，因鲁昭公贺以鲤鱼故名，字伯鱼。出任季孙氏家委吏之职，管理仓库。
公元前 531 年 （鲁昭公十一年）	孔子 21 岁，任季孙氏家乘田之职，管理畜牧。
公元前 525 年 （鲁昭公十七年）	孔子 27 岁。郯国国君郯子访鲁。孔子前往求教，学古官名。
公元前 522 年 （鲁昭公二十年）	孔子 30 岁。后自谓"三十而立"。齐国国君齐景公、名臣晏婴访鲁，参与接见；辞季孙氏家职务，授徒设教，创办私学。
公元前 518 年 （鲁昭公二十四年）	孔子 34 岁。获鲁昭公支持，往周朝国都洛邑，问学于老子。
公元前 517 年 （鲁昭公二十五年）	孔子 35 岁，回国。鲁国发生"八佾舞于庭"事件，昭公在与鲁三家权力之争中失败，流亡齐国。孔子亦赴齐。过泰山，感慨"苛政猛于虎"。齐景公问政于孔子。
公元前 515 年 （鲁昭公二十七年）	孔子 37 岁。返鲁。自此直至 51 岁出仕前，致力于私学，有教无类。史称孔子弟子三千，贤者七十二（或七十七）。
公元前 512 年 （鲁昭公三十年）	孔子 40 岁。后自谓"四十不惑"。

公元前 505 年 （鲁定公五年）	孔子 47 岁。阳货通过控制季孙氏进而掌控鲁国大权。孔子路遇阳货，婉拒其出仕要求。
公元前 502 年 （鲁定公八年）	孔子 50 岁。后自谓"五十而知天命"。鲁三家攻阳货，阳货失势，奔齐奔晋。
公元前 501 年 （鲁定公九年）	孔子 51 岁。出仕，任鲁国中都宰，政绩显著。
公元前 500 年 （鲁定公十年）	孔子 52 岁。由鲁国中都宰升任小司空。再升任大司寇。行摄相事。相鲁定公赴齐鲁夹谷之会。
公元前 498 年 （鲁定公十二年）	孔子 54 岁。"堕三都"以强公室。堕郈，堕费，继又堕成弗克，中途而废。
公元前 497 年 （鲁定公十三年）	孔子 55 岁。齐国赠鲁国美女良马。孔子辞官，去鲁适卫，开始长达 14 年的周游列国。先后辗转于卫、曹、宋、郑、陈、蔡、楚等七国。
公元前 496 年 （鲁定公十四年）	孔子 56 岁。仕卫，卫灵公"致粟六万"。见卫灵公夫人南子。
公元前 492 年 （鲁哀公三年）	孔子 60 岁。在陈，后自谓"六十而耳顺"。过宋，遇司马桓魋欲杀之险，微服去。季孙氏召孔子弟子冉求返鲁。
公元前 489 年 （鲁哀公六年）	孔子 63 岁。适楚，途经陈、蔡间，与弟子被围困于荒野，绝粮七日。
公元前 484 年 （鲁哀公十一年）	孔子 68 岁。鲁季康子召孔子，结束周游列国，返鲁。之前，孔子妻亓官氏已卒。此后，进入其晚年教育生涯，并致力古代文献的整理和研究。
公元前 482 年 （鲁哀公十三年）	孔子 70 岁。自谓"七十而从心所欲，不逾矩"。是年，孔子之子孔鲤卒。
公元前 481 年 （鲁哀公十四年）	孔子 71 岁。弟子颜回病卒。是年，鲁西狩获麟，孔子《春秋》绝笔。
公元前 480 年 （鲁哀公十五年）	孔子 72 岁。弟子子路战死于卫。
公元前 479 年 （鲁哀公十六年）	孔子 73 岁，卒。弟子为孔子服丧三年，子贡为其守墓六年。

孔子七十七弟子一览表

序号	姓名	字	国籍	小孔子几岁	入学时期
1	颜回	子渊	鲁	30 岁	第二期
2	闵损	子骞	鲁	15 岁	第一期
3	冉耕	伯牛	鲁	7 岁	第一期
4	冉雍	仲弓	鲁	29 岁	第二期
5	宰予	子我	鲁	29 岁	第二期
6	端木赐	子贡	卫	31 岁	第二期
7	冉求	子有	鲁	29 岁	第二期
8	仲由	子路,又季路	鲁	9 岁	第一期
9	言偃	子游	吴,或鲁	45 岁	第四期
10	卜商	子夏	卫	44 岁	第四期
11	颛孙师	子张	陈,或鲁	48 岁	第四期
12	曾参	子舆	鲁	46 岁	第四期
13	澹台灭明	子羽	鲁	39 岁,或 49 岁	第四期
14	宓不齐	子贱	鲁	30 岁,或 40 岁	第二期（或第四期）
15	原宪	子思	鲁,或宋	36 岁	第三期
16	公冶长	子长	齐,或鲁	未详	第二期
17	南宫括	子容	鲁	未详	未详
18	公皙哀	季次	齐	未详	未详
19	曾点	皙	鲁	未详	未详
20	颜无繇	路	鲁	6 岁	第一期
21	商瞿	子木	鲁	29 岁	第二期
22	高柴	子羔,又季羔	卫,或齐	30 岁,或 40 岁	第二期（或第三期）
23	漆雕开（启）	子开	鲁,或蔡	11 岁	第一期

24	公伯寮	子周	鲁	未详	未详
25	司马耕	子牛	宋	未详	第三期
26	樊须	子迟	齐，或鲁	36岁	第三期
27	有若	子有	鲁	43岁，或36岁	第四期（或第三期）
28	公西赤	子华	鲁	42岁	第四期
29	巫马施（期）	子旗	鲁，或陈	30岁	第二期
30	梁鳣	叔鱼	鲁	29岁，或39岁	第二期（或第三期）
31	颜幸	子柳	鲁	46岁	第四期
32	冉孺	子鲁	鲁	50岁	第四期
33	曹恤	子循	未详	50岁	第四期
34	伯虔	子析	未详	50岁	第四期
35	公孙龙	子石	楚，或卫	53岁	第四期
36	冉季	子产	鲁	未详	未详
37	公祖句兹	子之	未详	未详	未详
38	秦祖	子南	秦	未详	未详
39	漆雕哆	子敛	鲁	未详	未详
40	颜高（刻）	子骄	鲁	50岁	第四期
41	漆雕徒父	未详	鲁	未详	未详
42	壤驷赤	子徒	秦	未详	未详
43	商泽	子季	未详	未详	未详
44	石作蜀	子明	未详	未详	未详
45	任不齐	子选	楚	未详	未详
46	公良孺	子正	陈	未详	第三期
47	后处	子里	齐	未详	未详
48	秦冉	开	未详	未详	未详
49	公夏首	子乘	鲁	未详	未详
50	奚容蒧	子皙	卫	未详	未详
51	公肩定	子中	鲁，或晋	未详	未详
52	颜祖（相）	子襄	鲁	未详	未详

53	鄡单	子家	未详	未详	未详
54	句井疆	子疆	卫	未详	未详
55	罕父黑	子索	未详	未详	未详
56	秦商	子丕	鲁	4岁	第一期
57	申党	周	鲁	未详	未详
58	颜之仆	子叔	鲁	未详	未详
59	荣旂	子祈	未详	未详	未详
60	县成	子祺	鲁	未详	未详
61	左人郢	子行	鲁	未详	未详
62	燕伋	子思	未详	未详	未详
63	郑国	子徒	未详	未详	未详
64	秦非	子之	鲁	未详	未详
65	施之常	子恒	未详	未详	未详
66	颜哙	子声	鲁	未详	未详
67	步叔乘	子车	齐	未详	未详
68	原亢	籍	未详	未详	未详
69	乐欬（咳）	子声	鲁	未详	未详
70	廉絜（洁）	庸	卫	未详	未详
71	叔仲会	子期	晋，或鲁	50岁，或54岁	第四期
72	颜何	冉	鲁	未详	未详
73	狄黑	晳	未详	未详	未详
74	邦巽	子敛	鲁	未详	未详
75	孔忠	子蔑	鲁	未详	未详
76	公西舆如	子上	未详	未详	未详
77	公西葴	子上	鲁	未详	未详

注：孔子学生分四期：

第一期：孔子37岁以前。

第二期：孔子37-55岁。

第三期：孔子55-68岁。

第四期：孔子68岁以后。

「孔子三来」系列后记

《孔子归来》，是我在央视"百家讲坛"《孔子是怎样炼成的》讲座的文字稿，是对孔子一生行事和心事、行迹和心迹的描述，可以看作是孔子的生平传记。

《孔子如来》是我在《光明日报》专栏"老鲍谭古"中的主要内容，是对孔子个性、人格、思想之解读和阐释，也可以把它看作是对《论语》的现代解读。所谓现代解读，就是发现《论语》的现代价值——就我的理解，孔子的思想，和现代社会、现代政治及现代个人伦理，都完全直通，毫不违拗。

由此而又有了《孔子原来》——这是《儒风大家》上专栏"被误解的孔子"的结集。这组文章的写作初衷，就是还原孔子思想，希望汰除历史上尤其是近百年来覆盖在孔子身上的各种尘埃，包括那些无意有意乃至于恶意泼到孔子身上的脏水。直言之，孔子思想中的现代性，比起把他看作老古董老顽固的那些人，要多得多。现代性不是时间的概念，而是制度的概念，是由制度而派生的文化与观念。生活在现代的人不一定比古代的人更有现代性。今日，身体在现代而脑子在古代，身处现代法而脑子全是王法，身子在共和国而脑子在帝国的人，比比皆是。而孔子偏偏不是帝国时代的人——他生活在秦朝之前，他头脑中还真没有秦制的垃圾。

这三本书以前都出版过，这次以"孔子三来"的丛书名收入"鲍鹏山作品典藏系列"集束出版。当初的写作有不同的侧重点，这次书名刻意做了统一，也希望读者能从三个方面全面理解孔子。

为典藏本"孔子三来"，责任编辑花很多时间和心血，通过不同渠道，收集到包括藏在海外图书馆的多种孔子事迹古籍版本图片、绘画，最后选出一百多幅，插印到三本书中，不仅丰富了文本，让书美轮美奂，极富艺术气质，在编排上也很用心，三本书插图各有侧重，既不重复，又互为观照，自成一体，可为孔子文化史、接受史留存珍贵资料。

特别感谢我的朋友梦雨女士，她策划、订制的8米唐卡长卷《孔子圣迹图》，不仅极有创意而且极其精美。她特意请人专门拍照，拿来做"孔子三来"的环衬。特别感谢著名琴家朱晞先生，贡献他演奏的《文王操》《幽兰》两支琴曲，让读者可以在书中听闻孔子。

也感谢方曦闽、范向朋、汪雷生、周密、向维、杨家刚等诸位先生、女士，热情呼应责任编辑要求，馈赠、收集大量插图素材。

鲍鹏山

2020年10月，上海偏安斋

图书在版编目（CIP）数据

孔子如来 / 鲍鹏山著. —北京：中国青年出版社，2020.11
（2024.12重印）
ISBN 978-7-5153-6184-0

Ⅰ.①孔… Ⅱ.①鲍… Ⅲ.①孔丘（前551—前479）—思想评论—文集 Ⅳ.①B222.25-53

中国版本图书馆CIP数据核字（2020）第183064号

策　　划：吴晓梅工作室
责任编辑：马　绒
书籍设计：瞿中华

出版发行：中国青年出版社
社　　址：北京市东四十二条21号
网　　址：www.cyp.com.cn
编辑中心：010-57350510
营销中心：010-57350370
经　　销：新华书店
印　　刷：北京科信印刷有限公司
规　　格：880mm×1230mm　1/32
印　　张：9
插　　页：16
字　　数：180千字
版　　次：2021年1月北京第1版
印　　次：2024年12月北京第2次印刷
定　　价：96.00元

本图书如有印装质量问题，请凭购书发票与质检部联系调换
联系电话：（010）57350337

8米唐卡长卷《孔子圣迹图》。
策划订制：梦雨。
创作绘制：青海热贡画师仁青多杰团队。
收藏：梦雨徽博馆。